成为职场中温柔而坚定的存在

[美]弗兰·豪泽（Fran Hauser）著　邓彦　译

The Myth of the Nice Girl

Achieving a Career You Love Without Becoming a Person You Hate

华夏出版社
HUAXIA PUBLISHING HOUSE

北京市版权局著作权登记号：图字01-2022-6616号

图书在版编目（CIP）数据

成为职场中温柔而坚定的存在 / (美) 弗兰·豪泽
(Fran Hauser) 著 ; 邓彦译. -- 北京 : 华夏出版社有
限公司, 2025.3
书名原文: The Myth of the Nice Girl: Achieving
a Career You Love Without Becoming a Person You
Hate

ISBN 978-7-5222-0654-7

Ⅰ.①成… Ⅱ.①弗… ②邓… Ⅲ.①女性—职业选
择—通俗读物 Ⅳ.①C913.2-49

中国国家版本馆CIP数据核字（2024）第032662号

成为职场中温柔而坚定的存在

作　　者　[美]弗兰·豪泽
译　　者　邓　彦
责任编辑　陈　迪

出版发行　华夏出版社有限公司
经　　销　新华书店
印　　装　三河市少明印务有限公司
版　　次　2025年3月北京第1版　2025年3月北京第1次印刷
开　　本　880×1230　1/32开
印　　张　8.125
字　　数　150千字
定　　价　59.00元

华夏出版社有限公司　地址：北京市东直门外香河园北里4号　邮编：100028
网址：www.hxph.com.cn　电话：（010）64663331（转）若发现本版图书有印装质量问题，请与我社营销中心联系调换。

献给我人生中正式和非正式的导师们……
我永远感激你们无与伦比的智慧和无价的建议。
能够回报你们是我的荣幸。

自　序

　　在我的职业生涯里，我经常被问到一个问题："你为什么可以保持自己的友好善良，还能如此成功？"早在2009年，那时候我还是《人物》电子期刊的编辑，我就意识到这是许多女性都需要面对的问题。与我共事过以及我指导过的那些女性都想进一步了解我是如何晋升到今天的位置，同时还能保持和蔼可亲的名声的。

　　我逐渐意识到，许多年轻的女性都坚信她们需要一定程度地压抑自己的"善良"，才能在职场上有所发展。她们很焦虑——而有的时候这种焦虑很合理——因为如果她们在工作期间太过友好和易于合作，她们会被贴上"人太好"的标签。关于"友善女孩"有一种持续的迷思，那就是她很脆弱。她将会被认为是个容易受影响的人、一个"讨好者"，不适合担任领导者，甚至不能胜任她的工作。与此同时，这些女性害怕为自己发声辩护，她们担心一旦把自己的野心展露出来，又会被贴上"难相处"的标签。于是，年轻的女性们一个又一个地来询问我，如何才能在职场上平衡友善与强势。

事实是，我也花了很多年才找到这种平衡，直到现在我还时不时会被困扰。当我二十多岁的时候，我从我的老板和导师那里得到了要表现得更强势和表达得更犀利的建议。"弗兰，你太善良了，"他们这样告诉我，"你要强硬点，不然别人会欺负你。"我相信了这样的建议，试图隐藏自己的共情和友善，但事实上，这并不是我。这种表现非常虚伪和失真。再有就是，我发现这对我的事业也并没有帮助。

经过了数年的自我探索，我创立了成功的事业，还花了很多心思去回顾成功的奥秘以及什么才是对我真正重要的。我发现我并不需要为了成功去牺牲我的价值观或者隐藏真实的自我。事实上，当我学会了去掌控我与生俱来的善意，它反而变成了专业上的超能力。它帮助我建立了自信，建立了与我共事的人对我的忠诚，还建立了一个强大的、充满信任的富有信念感的与同事、导师和学员的社交网络。我坚定地相信这也会给你带来同样的效果。

在过去半年间，我和许多女性有过关于这个话题的对话——一对一的，通过社交媒体的，通过电子社交平台的，还有在一些特定的表达场合的。我曾分享我自己的经验，以及来自我的导师和同事的见解。追溯到 2009 年，我也曾经做了一些研究，想知道对于面临同样困扰的女性，还有哪些资源可以提供给她们。但结果让我失望：没有任何商业上的指导认同友善也是有力量的。事实上，很多书籍还是在向你宣传"友善女孩"难以获得单独的办公室，又或是难以成为让人尊敬的领袖等陈旧观点。这才让我意识到，我需要写这本书。

后来，我的生活也迎来了变化。我的第一个儿子安东尼在 2010 年来到我们的世界，紧接着 2011 年我有了第二个儿子威尔。母亲的身份和高强度的工作让我的生活满满当当了。所以，我按下了写这本书的暂停键。此后，在 2014 年，我走出了令人恐惧却又振奋的一步，开始了自己全新的事业。我离开了媒体行业，走向了创投圈。当我看到我的人际网络是如何帮助我进行事业转型的时候，我笃定地继续完成这本书。

我在 2016 年 1 月为福布斯网站写的一篇博文成为一个具有突破性的事件。文章的标题是《当她们问出正确的问题时，友善女孩如何率先完成任务》。这篇文章引起了读者的共鸣，并成了丹尼斯·瑞塔尼（Denise Restauri）负责的《指导时刻》（Mentoring Mornents）系列最受欢迎的帖子之一。许多女性通过脸书、推特还有邮件联系到我，我感到受宠若惊。这时候我知道这本书有市场，我必须完成它。

当我接收到关于这本书一轮又一轮强有力的支持时，我也收到了一些批评。"友善"这个词对很多女性有情感负担，有些人甚至马上产生了负面的情绪。我完全理解这种情绪，这也恰恰是我想去重新定义"友善女孩"的原因，让人们不再认为这个词是用来形容一个人很温顺或者惯于讨好别人，而是用来形容一个人用自己本真的善良去改变以往那些关于一个强大领袖所应该具有的特质的刻板印象。在商业世界，这些被低估的价值观，譬如共情、友善和同情心，恰恰隐藏着真正的力量。当你把这些与适度的精明和野心相结合时，这些被忽略的超能力就能够带你走向事业巅峰。

在这些篇章里，你会发现，是这些原则让我和数以百计坚强且善良的女性能够打破双重规则，温柔而坚定地在职场绽放。本书会向你展示如何强有力地去交流，去让别人听到你的表达，去展示自信，去勇敢决断，去处理矛盾——去实现所有这些并不需要去隐藏你友善的那一面。你可以拒绝那些过时的剧本，你不是非得要残酷无情才能在职场成功，相反，你可以用那未开发的能量，也就是用友善武装自己，用你自己的力量去实现那些不能被阻挡的梦想和目标。

弗兰·豪泽

2017 年夏天

目 录

第一章
友善是你的超能力

第二章
有野心也能受欢迎

第三章
自信而友善地表达

第四章
直接且友善地给予反馈

第五章
坚定并周全地做决定

第六章
有策略和同理心地谈判

第七章
投资自己并成为团队的一分子

第八章
设定界限和关心他人

第九章
让你的能力加倍增长

友善是你的
超能力

当我还二十岁出头的时候，我在安永（Ernst & Young）工作，那是全球最大的专业会计师事务所之一。我很年轻，富有野心，而且极其刻苦，我很胜任我的工作，但是我的老板总会给我很细致的反馈让我改进。

比如说，我们团队被安排去服务纽约的可口可乐公司。我是团队里最年轻的成员，而可口可乐公司的一位副总裁是一位威严的长者，他让我感到无比畏惧。在我们的会议上，我发现自己不断点头，对他和会议室里其他人说的几乎所有话都表示同意；我太紧张了，不敢开口发表自己的意见。除此之外，无论讨论的是什么话题，我都会跟着说上一句"那很有趣"。即使当我们讨论午餐吃什么，如果有人建议吃寿司，我的回答肯定也是"那很有趣"。

我不想因为我强势的观点制造任何麻烦或者矛盾，所以我只表达含糊的兴趣，以及尝试参与对话并显得合群。但回想这一切，我不禁嘲笑我自己：谁会觉得吃寿司很有趣呢？

某天，在开完好几个会议之后，我的老板把我叫到一边。"弗兰，你这样的顺从只会让客户感到无聊，"他告诉我，"你完全可以去表达不同的观点，只要你是带着尊重对方的态度。实际上，你的'好的'或者'这很有趣'让你看上去很无趣。你需要敢于说一些重要的内容和分享你的观点。"

这是我第一次意识到我太急于在职场上扮演一个"讨好者"。隐藏在一个很好说话的面具背后，反而让我丢掉了自己的工作效率。我当然是有主见的人，但是我一直在等待别人的许可才敢去表达。而现在，我拥有这种许可了。

在下一次会议中，客户提议我们可以修改在季报上披露的信息。我当时觉得这是个很好的主意，但是我不确定我们能否赶在截止日期之前完成这些修改工作。带着紧张，用比平时更小的声音，我补充道："为什么不考虑从下一个季度才开始这样修改呢？这样我们就不用担心截止日期的问题了。"

说完，我紧张地抬起头看着客户，生怕他认为我的意见很愚蠢或令人反感。"说得好。"他简单地说。我大大地松了一口气。在接下来的几周里，我开始越来越多地说出自己的想法，同时，我也越来越喜欢说出自己的想法。几周后，客户在一次会议后来到我的办公室，问我对某件事的看法，我便知道表达自我这招奏效了。他以前从未这样做过。我意识到，通过在会议上更多地分享我的观点，我向他证明了我的想法是有价值的。

这是我朝正确的方向迈出的一大步，但是我还是会在人际关系里感受到一些阻力。我曾花了很多时间去说服我的同事同意我的决定，而一位职场导师一直在鼓励我要更强势，不要太在意别人的看法。

我有一位同事叫作简，她负责审核我们给客户发的提案。她因为审批时间太久而臭名昭著。她总会给我制造困难，尤其是如果我卡着截止日期联系她的时候。一般情况下，我会尽我所能去配合她，但是当我的老板带着一个新提案找我，而他又马上需要用的时候，我是倍受折磨的。我的直觉告诉我必须面对简，诚实地告诉她我的处境，但是我总会听到我的导师在我耳边说："强势点，别太担心别人接不接受你的想法。"

最终，我决定去找简的上司艾瑞克。我知道他会明白这种紧急情况，然后不会多问什么也会给我批准。他的确这样做了。我的上司很高兴，我的导师很认可，而这个提案也获得了成功。但是我知道我这样做越过了简，这样的成功并不光彩。

我扪心自问，如果别人以同样的方式对待我，我是否会感到高兴，而答案是"我不会"。我的做法剥夺了她的权利。显而易见，这种不舒适的感觉最后也让我尝到了苦果，在下一次我需要简批准我的提案的时候，越级事件显然成了我们的心结：她拒绝了。我又去找艾瑞克，但是他告诉我："非常抱歉，弗兰，你需要和简一起把这件事处理好。"

在内心深处，我知道他是对的。我不能总是越级行事。我需要找到一种方式与她共事。但在那一刻，我非常不知所措。我是要跟随直觉，友善地配合她，还是要变得更加强势，用上次学会的新方法去硬碰硬？

在这种犹豫中，我想到了我最原初的榜样和灵感的源泉：我的母亲。她是一位带着四个孩子的意大利裔移民（在我两岁的时候，我们全家移民到了美国）。在 20 世纪 70 年代，她在美国的芒特基斯科开了一间裁缝店。她的英文很蹩脚，也没有受过什么专业的训练，但是她成了一个成功的小企业家。她的成功一部分归功于她的技术，但更大一部分是她的人格特质。她总是对客人十分亲和友善，自然而然地，客人们都很喜欢她。

我父亲也是如此。他是一个石匠，主要客户是当地富有的绅士们，直到现在，他都一直是当地社区里备受喜爱的成员。我的父母亲的客户都是忠实客户，也非常慷慨。他们会送我们一袋袋过季的设计师品牌的衣服，在夏天让我们使用他们家的游泳池，甚至我的第一台车（一辆粉蓝色的无动力方向盘的菲亚特）也是其中一个顾客以几百美元卖给我的。这不仅仅因为他们愿意慷慨地与我们分享他们的财富，还因为他们真诚地喜欢并尊重我的父母，只因我父母待人和善。

我分析了我和简的处境，然后又问自己，如果是我父母处在我的境况下，他们会怎么做。即便不是经营裁缝店或者身处石材行业，像我父母一样去发展和维护与客户的关系也是很重要的，我应该用我内心真正认可的方式去处理。

第二天，我又去找简并邀请她一起吃午餐，她犹豫了一下，但还是同意了。我们一坐下来，我就发自内心地向她道歉。"简，"我说，"上次那件事我真的没处理好。"我解释了当时我处在压力之下，需要快速给我的上司一个交代。"由于必须赶紧把提案上交，我当时判断最好的方法就是直接去找艾瑞克。"我继续补充，"但后来我意识到这样很不尊重你，而且没有给你机会审阅。我很抱歉，我保证，在未来的日子里，此类事情不会再发生了。"

我能感觉到简如释重负，而她也很大方地接受了我的道歉。在接下来的午餐时间里，我利用这个机会去进一步了解她。我知道她有两个女儿。当我要求看她们的照片时，她的整个脸庞都亮起来了。我从来没有见过她的这一面，当然，也是因为我从未给自己机会去了解她的这一面。

我信守了承诺，没有再越过简去处理事情。而更重要的是，我再也没有这样的意图。我和简拥有了不错的工作关系。每当我需要她经手一些东西时，我都会和她直接沟通。除此之外，我也会关心她的女儿。我发现当我和她之间有了个人的联结，她会感受到我对她的真诚，与此同时，她也会更愿意回应我在工作上提出的一些需求。

✦ 友善是你的资产 ✦

这对我来说是一个巨大的转折点。当我依照人应该要友善的直觉时，我和简的关系改善了。这激励着我在工作中接纳自己个性中的这一固有部分，但我也没有忽视导师让我变得强势些的反馈。我确实需要用适当的强势来平衡我天生的友善。随着时间的推移，我惊讶地发现，拥有自己的善良实际上让我在工作中更容易发声、反击和表达自己的观点，因为我不再把精力花费在假装成一个不像我的人上面了。相反，我的信心和工作效率都在迅速提升，因为我终于可以自由地做我自己，真实的、友善的和乐于助人的自己。

这当然不是一夜之间改变的。甚至相反，我一辈子都会继续在职场上的强势和友善之间寻求平衡。但从我和简的这段经历里，我学会了我不需要去极力地隐藏这一部分的自我。

我很感激我学会了这一课。一旦我正视了这个特质，它便成为我人生里很重要的资产。当然，简并不是唯一正面回应我的同事。我在安永、可口可乐、电影地带（Moviefone）、美国在线（AOL）、时代（Times）等公司遇到的大多同事都是如此，我早期担任投资者和顾问时所遇到的人也是如此，他们会对我保持忠诚，会在谈判中支持我，也会回复我的电话、邮件，或是帮我一个小忙，甚至在我需要的时候退让、妥协，这都是因为我曾经对他们很友善。

然而，即便有上述这些经验，在发现"人很好"已经是我身份认同中的一部分特质以后，我还是会有所挣扎。事实上，当我酝酿写这本书的时候，我的心情是很复杂的。一方面，我很高兴有这样的机会去帮助女性平衡工作中的友善和强势；但是另一方面，我不确定这是不是我所愿意被大众熟知的形象。人们会不会因此觉得我软弱或者无能？

当我把我的这些困惑告诉我的朋友以及导师蒂凡尼·杜芙的时候，她看着我，带着灿烂的笑容对我说："弗兰，大家已经都知道你是个好人。这也是为什么大家总是会回复你的电话、会放下手上的事情去帮助你。友善是你的资产。"在那一刻，我内心深处明白她是对的。友善已经是我个人品牌的一部分。

但是我也不禁思考，如果一个像我这样在日常生活中已经是以友善为荣的人还会有如此复杂的感受，那么有多少人会去压抑自己真实的感受，仅仅因为她们不想在职场上被认为是一个弱者？我的反思让我确信这是一个很值得我继续去探索的话题。

当然，我并不是唯一一个在职场上探索"友善"是否是工作的资产的人。我曾经询问过超过 1 500 位职场女性，"友善"是否对她们有帮助，95% 的人都认为是的。以下是这些女性关于友善如何帮助她们成为更好的人的一些描述：

·"友善实际上是不可思议的资产，尤其是当我需要获得对方的帮助的时候。在我过去的生活里，大家都称呼我为'天鹅绒锤子'，因为我人很好，而且总能快速并正面应对各种艰难的情境。友善也帮助了我激励团队。"

·"因为我很乐于助人，所以我可以在需要时向合作伙伴或客户提出特殊要求；我甚至与几乎所有被我解雇的人都保持着良好的关系。我的团队非常忠诚。"

·"我觉得'用善意的方式赢过对方'比给人留下愤怒或卑鄙的印象能让你在生活中走得更远。我经常被告知，正是因为我选择了运用同理心，我才能成为一名强大且平易近人的领导者。"

✦ 友善与强势之间的双重束缚 ✦

然而，尽管她们清楚地了解友善如何帮助她们取得成功，但这些女性（准确地说，是这 1 500 名女性中的 76%）表示，她们在工作中感到陷入了双重困境：既需要友善，又需要强势。她们有如下的反馈：

·"我真的不喜欢我不能同时表现得友善和自信的那种感觉。就像我试图将油和水混合一样，但我明明知道这不应该这么难啊！"

·"我是一个身材娇小的女性，看起来比实际年龄年轻，所以我常常过度表现我的强势和地位来彰显强大，但我又担心这样做是错误的。"

·"女性应该是友善的，领导者应该是强势的。那有野心的年轻职业女性到底应该怎么做？"

读到这些评论，我突然意识到"友善"这个词对于很多女性来说是多么沉重。她们中的大多数人认为，"友善"是软弱、无能、讨好他人或容易屈服的代名词。其他人则认为"友善"意味着这是一个令人愉快的人——当然，是一个优秀的团队合作者，但不是一个脱颖而出的人或强有力的领导者。但我逐渐意识到，最强大、最有效的领导者往往也是最友善的。他们用自己的善意来激励团队、鼓励他人，并创造非常积极的工作环境，让员工因快乐、投入和积极性而持续发展。

这些不仅仅是我的观察。研究表明，积极的工作环境可以提高生产力、降低流动性，甚至改善员工的健康状况，而在充满敌意、令人焦虑和消极的环境中工作则会降低生产力和绩效——更不用说缺乏成就感了。具体来说，快乐的员工的工作效率比不快乐的员工高出 12%。

在当代的工作场所，对环境的关注比以往任何时候都更加重要，因为我们每天所做的很多事情都需要共同协作而不是单独表演。《哈佛商业评论》最近的一项研究发现，在过去 20 年里，员工与同事一起工作的平均时间增加了 50% 以上。如今，我们工作日四分之三以上的时间都花在与同事的沟通上。

这清楚地告诉我们，这个时代正是所有女性重拾友善这一特质并开始利用它在工作场所获胜而且帮助彼此获胜的最佳时机。事实是，我们不必在强势和友善之间做出选择。我们能够为他人着想，为自己着想，包容、自信、敢言且谦虚。我们是始终努力争取第一的团队合作者！我们可以通过拥抱我们个性中真实的友善和同理心来做到这一点。

我的朋友艾米丽·道尔顿是男士美容品牌杰克·布莱克的联合创始人，她就是一个很好的例子，但她是经历了一场个人悲剧后才开始拥抱自己的友善特质的。艾米丽承认，当她年轻的时候，她是个"假假的好人"——总是寻求认可并希望被人喜欢。但在成长过程中，她的职业榜样是她的父亲，她将父亲描述为"灰熊"。他要求高，态度粗暴，对任何事都要争个高下。

在她职业初期，艾米丽对在工作中保持自己友善的一面没有安全感，因为她那粗暴而强势的父亲是她的榜样。无可否认，父亲很严厉，但几乎总能取得成果。在这种榜样的影响下，她经常发现自己在困难的处境里不得不采取强硬的态度。这种做法在短期内确实取得了成效，但从长远来看却具有破坏性，因为它使她无法建立牢固、持久的关系。在她工作几年后，艾米莉的父亲病倒了，他非常坦诚地告诉艾米莉，他对自己在困难的工作环境中经常表现出的行为方式感到后悔。事实上，他认为这是他个人的弱点之一。面对死亡，他分享了一个深刻的见解：人际关系才是唯一真正重要的事情。

这对艾米丽来说是一个巨大的警告。她开始在遇到困难的情况下改变自己的行为，重新流露她内在的善良。她很快发现，友善有助于激励她的团队放松，变得更有创造力，并且不再害怕冒险。艾米丽发现，从长远来看，友善对她的职业关系非常有益，人们常常愿意为她付出更多努力，仅仅因为他们觉得自己受到了公平对待和尊重。艾米丽承认，她仍在努力寻找公平与坚定、共情与挑战之间的完美平衡，但一切都处于良好的进展中。现在，"杰克·布莱克"已经成为美国销量第一的男士护肤品牌。

艾米丽，还有许多我有幸称作朋友的成功女性（在本书中你还将读到其中几位的故事），以及我，都证明了"友善"不仅能帮助你交到朋友、受到欢迎，还能将你推向成功的巅峰。

✦ 友善意味着什么？ ✦

首先，我希望你能清楚地理解，当我使用"好（友善）"这个词时，我在说什么。我所形容的并不是那些到处讨好他人但也许很无聊、没什么想法或无法坚持自己的观点的人。我当然不是在告诉你要遵循那种要求女性保持甜美和只知道顺从的刻板印象。

相反，我描述的是一个非常体贴并希望与他人建立联系的女性，她在坚定的价值观指导下做正确的事情。她体贴、尊重、善良。她身上有一种温暖和魅力，将人们吸引到她身边，有她在的地方大家都感到十分愉快。在工作中，她公平、友好协作且慷慨。她不去与其他女性竞争，而是通过分享出色工作的成果使大家都得到提升。她有着坚定不移的信心，相信有很多机会可以去探索。

我的朋友帕特丽夏·卡帕斯就是这类女性的缩影。我在美国在线工作时认识了帕特丽夏。她曾在 CNBC、NBC、美国在线和时代华纳等公司担任高管职务，现在是一名成功的企业家，与合伙人共同创立了屡获殊荣的冥想小馆（Meditation Studio）应用程序。是的，她的事业做得很好，却也是我认识的最善良和脚踏实地的人之一。2010 年，我收养了我的第一个儿子安东尼，当我从医院回家时，第一眼就在厨房桌子上看到了一袋我最喜欢的饼干——来自纽约市莱文面包店的巨大巧克力核桃饼干，这是帕特丽夏寄给我的。这种甜蜜而体贴的举动让我非常感动，我也感受到了她如何用她真诚的善良赢得了合作伙伴的认可。

当她在 NBC 工作时，正值品牌电视内容刚刚开始盛行，帕特丽夏的任务是与 IBM 合作，制作和赞助一个名为《浏览》（Scan）的节目，该节目涉及世界各地的尖端技术。问题是，与她合作的 NBC 编辑团队不希望像 IBM 这样的广告商对节目内容过多干涉，而 IBM 希望对节目有一定的话语权。但帕特丽夏赢得了两个团队的信任，她能够让每个人都感到舒适，最终呈现出大家都满意的节目效果。他们信任帕特丽夏，因为她花时间与两个团队的人员建立了牢固、真诚的关系。这最终成为帕特丽夏、NBC 和 IBM 的三方胜利。这就是帕特丽夏如何利用她真诚的善良在工作中取得成功的一个很好的例子。

我认为另一位体现了"友善"定义的女性是安·摩尔，她是时代公司的第一位女性首席执行官。当我在时代公司工作时，安可以说是企业界最有权势的女性之一。她是一位非常强有力的领导者，但我真正喜欢安的一点是，她非常有人情味和亲和力，能够和大家产生联结。

每个月，安都会邀请公司各个部门的人员参加早餐会。每次会议开始时，她都会在房间里转一圈，请我们每个人分享一些我们最近感恩的事情。以这种方式开始这些会议真是很美好，因为它创造了一种积极的情绪，帮助我们所有人将彼此视为立体化的人，而不仅仅是在工作中所扮演的某个角色。安在财务方面总是非常严谨，但花时间做这样的事情让在时代公司的工作变得愉快和有意义。她的员工往往很忠诚，这意味着她的善良实际上对公司减少流动性也非常有益。

要知道，仅仅泛泛地友好待人是不够的，尽管这无疑是一个好的开始。让友善成为你的超能力，关键在于拥有你的友善，并有意识地将它与你关心的人事物联系起来并加以运用。这正是帕特丽夏和安成功做到的，也正是我想帮助你实现的。

✦ 做到之前不要假装 ✦

这并不是说你应该开始戴上虚假的、漂亮的面具来获得你想要的东西——恰恰相反！就像我在职业生涯早期试图忽视自己天性的善良并刻意强势，但那并没有给我带来成功一样，假装友善也永远不会成功。我对"好"的定义就是做正确的事，而且这么做是因为这对你来说很自然，并不是因为它对你有什么好处。它是关系性的而不是交易性的。是的，友善会帮助你取得成功，但如果你只是为了成功而假装友善，则不然。

当你不忠于自己时，你就不可能对真实的自己充满信心。假装成另外一个人是非常不舒服的，而且几乎不可能发挥潜力，因为你太专注于维持外在的形象了。当你利用自己的才能和真诚的善良去做匹配你的价值观和热情所在的工作时，真正的成功就会到来。这样你就可以充分发挥自己最好的部分。没有这种真诚的善意，就不可能建立可持续的关系。可以这样想：如果你的善意是你与朋友们友谊的基石，而且是真诚的，那么这种关系就能牢固。但如果这种善意是假的，你们的关系将不可避免地走向破裂。

这一切都回到了信任。如果你不真实，人们就不会信任你。没有信任，就没有良好的关系。研究表明，当我们第一次见到某人时，我们的直觉告诉我们要问自己两个问题："我可以信任这个人吗？""我会尊重这个人吗？"

有趣的是，当我们评价他人时，第一个问题"我可以信任这个人吗？"极为重要。事实上，我们只有在建立信任感后才会评估某人的能力。这意味着，如果有人决定不信任你，无论是因为你缺少善意还是让他们觉得你的温暖虚伪，你都将无法与他们走得太远。更糟糕的是，他们会认为你试图给人留下聪明或能干的印象，善于操纵别人、耍小聪明。他们会因此怨恨你的力量而不是尊重你的力量。

另外，根据同一项研究，如果你先给人留下热情和值得信赖的印象，然后再证明你的能力，人们就会钦佩你的能力，并对你做出更积极的评价。这是在工作场所坚持以善意领导的有力论据。

✦ 多好才算太好？ ✦

当然，任何特点，即使是一个积极的特点，不管是在工作中还是在其他方面，都不能太过。如果我们过于顺从甚至变得好欺负，那么善良就不再是一种资产，而是一种负债。

事实上，我们大多数人都会在某些方面有过度友善的可能。例如，同理心是我的致命弱点。我自然地有一种倾向，就是过分担心自己会如何影响他人，以至于有时我会被严重干扰。这是我必须积极去克服的，只有这样我才能找到平衡。我在这本书里分享了解决这个问题的技巧。也许你的致命弱点是在做出决定之前寻求过多的外部意见，或者难以就棘手的问题表达自己的观点。

通过阅读本书，你可能会意识到在某些方面你需要拥抱更多的善意，而在其他方面你需要收敛一些，并开始把自己放在第一位。

也许已经有老板或同事告诉过你，你"太好了"。在我访谈的女性中，足有 50% 的人曾从老板、同事、客户以及其他人那里听过这样的话。难怪这么多女性在工作中陷入友善和强势的双重束缚。

对我来说，这一发现只是说明了重新定义"好"多么重要。通过你的成功、自信和全方位的真诚态度，你可以向周围的人证明：为人友善和工作高效并不相互排斥。

我的朋友凯特·科尔拥有让人印象深刻的职业生涯，她一直在与针对友善的误解作斗争。凯特在大学期间就开始在一家猫头鹰餐厅工作。她十九岁的时候，当公司总部邀请她帮助在澳大利亚创办第一家猫头鹰餐厅时，她就已经做过服务员、调酒师和经理了。凯特以前从未坐过飞机，她对这个机会感到很兴奋。公司团队告诉凯特，他们选择她担任这个职位的原因之一是她与同事相处得很好，并且多次为他人提供了帮助。

凯特在澳大利亚待了一个多月，然后猫头鹰公司邀请她进一步担任领导职位，在中美洲开设第一家餐厅。在接下来的几年里，凯特每隔十八到二十四个月就会升职一次，其中部分原因就是她真诚、善良和慷慨。她还在餐饮行业多次参与志愿者工作，这帮助她结识了自己的导师，并与其建立了宝贵的关系。

凯特二十六岁时，已成为猫头鹰餐厅的副总裁之一，负责公司的所有培训和特许经营业务，并且几乎总是房间里最年轻的人和／或唯一的女性。然而，令人惊讶的是，尽管凯特取得了非凡的成功，人们却不断地告诉她，她太友善了。他们似乎认为，仅仅因为凯特年轻且是女性，她就需要表现出强势的一面才能继续向前。

这显然不是事实。凯特知道，如果没有她的友善，她不会如此成功。因此，当人们说她"太友善"时，凯特会告诉他们："必须说清楚，不要把我的友善误认为是愚蠢。"

我喜欢这种方式，因为它表明凯特愿意承认自己的友善，而不是为此道歉。通过这句话，她能够证明她的友善不是她的阻力。事实上，凯特告诉我，当她说这句话时，常常会让人们停下来思考，不再小看她。

如果人们经常告诉你，你在工作中太友善了，你第一步就是弄清楚他们到底是什么意思。也许他们已经注意到了你需要改进的地方。比如我需要停止一味地对可口可乐公司客户说"好的"，不再用"这很有趣"来回应一切。尝试用一个简单的问题追问对方，例如"你发现了具体的问题吗"或者"你认为这对我有什么伤害"。如果这个人确实指出了某个具体的弱点，那么当你继续阅读本书时，可以重点关注这个领域。

然而，如果答案过于笼统、模糊，或者这个人根本不习惯在工作中与友善的人打交道，那么是时候扭转这个想法了。不要回避谈话，而是趁机解释一下为什么你认为友善是工作中的重要资产。也许可以给对方举几个例子，说明工作中的友善对你和公司都有帮助。

不久前，我读到一篇对马乔里·卡普兰（Marjorie Kaplan）的采访，里面谈及她领导《动物星球》（Animal Planet）和美国学习频道（TLC）的节目多年，当人们说她太友善时，她是如何回应的。她说："有人对我说，'我在想你是不是太友善了'。有些人这样说仅仅是因为我是女性。我的回答是我很友善没错。我想做个好人。没有'太友善'这回事。与此同时我的期望很高，而人们也确实达到了我的期望值。这就是我的管理方式。我的管理不是基于恐惧。我的管理基于期望。女性很容易被解读为太友善、太仁慈。但重要的是认识到我们能够做出这样的选择。作为一个人，作为一名女性，我在工作场所的价值观之一就是，我希望在工作中友善待人。友善和亲切并不是野心和动力的对立面。选择友善是一种力量。"

当人们说你太好了时的五种回应方法

尝试以下任意组合或提出你自己的应对措施，这样你就不会措手不及。

1. "我知道，但这对我很有帮助！"

2. "别把我的善良误认为是软弱。"

3. "你这么说好像把它当成一件消极的事情了。"

4."我开始意识到，友善待人并且胜任工作实际上是可能的。它们并不相互排斥。"

5."这比其他选择更好吧……谁愿意和一个混蛋打交道呢？"

✦ 从你开始 ✦

也许到现在为止，你在工作中一直很在意别人的感受，以至于变得有点没有主见。又或者，你很难接受自己真正的善良，只能使用一些粗暴的手段，但你并不一定感觉良好。无论你目前在友善的光谱上处于哪个位置，都没关系。在工作中，我们并没有被教导如何在友善和强势之间取得平衡，所以你可能在一个方向或另一个方向上走得太远，这也是情理之中的事。不要自责，也不要浪费时间为此感到内疚。

我指导过的年轻女性甚至某些职场上的资深女性都出现过这个情况。她们当时尽了最大努力，然后因为没能做到完美而苛责自己。就在前几天，我与一位正在为自己的生意苦苦挣扎的公司创始人交谈。她告诉我，多年来，她觉得需要在工作中表现得强势才能取得成功，但现在她意识到，从长远来看，这种强势的做法对她的生意不利。一路走来，她伤害了别人，失去了他们的信任，现在她感到情感上失去了联结。更糟糕的是，她需要为自己的企业筹集新一轮的资金，但却得不到任何支持。她意识到，自己在整个职业生涯中没有对他人更加友善，这是一个巨大的错误。

她向我咨询，如果想在工作中变得更加友善，她第一步应该做什么。我告诉她，她要做的第一件事就是让自己放松一些。我从她的声音中听出她对自己有多失望。我提醒她，如果她不先善待自己，她就无法善待别人。

所以，现在我想对你说同样的话。从友善对待自己开始。如果多年来你都在严厉地评判自己，那么你需要改变这个习惯。请记住，真正的友善，有一部分是拥抱真实的自己。如果你忙着为过去做的不完美的事情而责备自己，你就无法做到这一点。

当你早上出门上班时，不要扔下自己的善良和教养，尊重和珍视你建立联系和维系人际关系的能力。结合本书中你将学到的技巧，让自己变得更加果断，成功谈判，为自己辩护，并在各种可能的工作场景中进行清晰、直接的沟通。你真诚的善良将推动你在职业道路上不断前行。记住，这是你的选择。毕竟，友善是你的超能力。

要　点

· 在工作中友善和强势并不互相排斥！当你拥有自己的善意并有意识地运用它时，它可以帮助你登上成功的顶峰。

· 当我谈到"真正的友善"时，我用它描述的是一位懂得体贴、尊重、公平、协作和慷慨的女性。

· 在做到这些之前不要伪装自己。我对善良的定义就是做正确的事情，而且做这些事情对你来说是自然而然的，并不是因为它对你有什么好处。

· 如果有人告诉你"你太好了"，尝试问一个简单的后续问题，例如"你发现了什么具体的问题吗"或者"你认为这对我有什么伤害"。

第二章

有野心
也能受欢迎

就在我开始写这本书的时候，我参加了在纽约举办的女性世界峰会，希拉里·克林顿在这次峰会上发表了关于女性领导人和受欢迎程度的演讲。别担心，我不会在这里谈及政治。无论你的政治信仰或对希拉里的看法如何，我想我们都会同意，她深知女性领导人想要受欢迎会面临多大的挑战。果然，希拉里指出了这样一个事实：对于男性来说，成功和野心往往与受欢迎程度正相关；也就是说，一个人越成功，他就越受欢迎。但对于女人来说，情况恰恰相反。一个女人越成功、越有野心，她就越不受欢迎。

许多研究可以支持这一观点。在哥伦比亚大学商学院的一项研究中，研究人员向一群商学院学生描述了一位虚构的企业家。他们告诉一组学生这位企业家的名字是"霍华德"，而告诉另一组学生这位企业家的名字是"海蒂"。其他的一切都是一样的，但学生们的反应却截然相反。听到"霍华德"的小组表示，他们愿意与他一起工作，而另一组则报告说，海蒂似乎没有吸引力且自私。

当我听希拉里分享时，胃里突然一阵抽痛。她所说的一切都让我深有同感。在我职业生涯的早期，女性领导者很少见，即使遇到了女性领导，她们也经常被贴上"恶毒"或"难相处"的标签，尤其是当她们如男性领导者那般去维护自己的权利时；而男性领导者却会因为维护自己的权利而获得奖赏。自然，也有一些女性在职场上走向了另一个极端，她们竭尽全力取悦他人，为此而被认为"软弱"或"好欺负"。

我心想，如果世界上最成功、最有权势的女性之一仍然无法免于这种困扰，那么我们其他人还有什么希望？希拉里解释道，作为国务卿，她的支持率极高，但当她宣布竞选总统后，支持率就大幅下降了。关于她的受欢迎程度（或不受欢迎程度）的文章已经有很多，除了她的性别之外，肯定还有许多其他因素使她成为不受欢迎的候选人。但毫无疑问，这种对有野心的女性无意识且普遍存在的偏见是真实存在的。

在我工作过的每个行业，包括媒体、金融、风险投资，甚至非营利组织，处于领导职位上的女性数量都严重不足。虽然我在安永的团队领导是女性，但直到我三十八岁，我才遇到了第一位长期的直属女性上级。不幸的是，这是一种文化现象。尽管过去几十年这方面取得了进步，但男性领导者仍然更为普遍，这影响了我们潜意识的期望。我们期望男人有雄心壮志，但如果女人"越界"，我们就会质疑她的动机。为什么她要这么做？为什么这对她很重要？她是不是太自私了？最终，我们不信任她，这让她变得不受欢迎，有时甚至令人感到有威胁。

我有野心，也重视人际关系。作为一个女性，我在职业生涯里总是为我的这两种特质苦恼，这显然引起了许多其他职业女性的共鸣。我调查了一些受访者，她们对于让富有野心的自己能够受到欢迎是这样说的：

· "我想到的第一个词是'贬低'。'友善'或'讨人喜欢'这个词听起来不像'知识分子''有动力''强大''专注'或'聪明'（我更喜欢这些词）。相反，它是'顺从的''容易接受的''可爱的''容易相处的'。这不是我想要认同的特质。"

· "我认为女性往往处于不利地位，因为她们倾向于取悦他人、避免冲突、不为自己挺身而出、不想显得爱对抗或好斗。"

· "我很喜欢与友善的女性一起工作，但通常情况下，那些看起来友善的女性似乎没有那么大的野心，而且不会担任领导职位。"

这些女性提到的问题可能听起来太熟悉了，但不用担心。对有野心的女性存在隐性偏见是事实，但这并不意味着女性不可能成为一名受欢迎的领导者。要摆脱这种双重标准，就不必刻意让别人喜欢自己或是隐藏自己的野心，不要刻意摆脱刻板印象。我所习得的方法是承认你的友善，并用此辅佐你的野心。你真正的善良已经在你的内心深处了。通过发掘它并有意识地使用它，你将赢得人们的信任，而这份信任将使你的野心和友善成为同样有价值的资产。

✦ 有野心意味着什么？ ✦

当我想到一个野心勃勃的人时，我会联想到这样的人会做的三件事：他们会声明自己在工作上努力的成果与贡献的想法；当机会出现时，他们会挺身而出；他们主动为自己创造机会。以下是我平衡友善与野心的一些技巧。

1. 声明自己的贡献

为自己的贡献发声，出乎意料地是个困难的课题，尤其是如果更有进取心的同事想把你的成就归为他自己的付出而去邀功的话。我指导的一位名叫瑞什玛的年轻女性最近就面临着这样令人沮丧的处境。她所在的团队正在集思广益，为她所在的公司即将推出的新产品命名。她提出了一个想法，立即得到房间里每个人的赞同。她是公司的新人，为自己刚入职就能赢得如此重要的胜利而感到自豪。

然而，负责管理该团队的同事约翰找到了他们的老板，并与老板分享了新产品的名称，却完全没提到瑞什玛的贡献。事实上，她怀疑约翰把功劳都揽在了他自己身上。当瑞什玛来找我时，她感到沮丧和怨恨，甚至无心工作。她问我，当她的贡献显然得不到认可时，为什么要费这么大的力气工作。

我问瑞什玛为什么她没有对老板说清楚。她的回答是："我不想让别人觉得我在夸耀自己，或者我完成工作只是为了得到别人的认可。但当我知道有人拿我的想法邀功时，我仍然感到沮丧。"瑞什玛完美地描述了许多女性在工作中遇到的双重困境——她们希望因出色的工作而获得荣誉（这并没有错！），但她们担心"邀功"会让自己显得不太好。为此我给出了一些建议，让瑞什玛可以在不显得太傲慢或咄咄逼人的情况下声明自己的贡献。

1）讲一个故事

人们天生喜欢听故事，尤其是当他们能从故事中学到点什么时。为自己的工作赢得赞誉的一种方法是在胜利中附上一个故事，让别人学到一些有用的东西。例如，我问瑞什玛是否有一种特定的头脑风暴技巧来提出她的想法。如果可以，她能用一种更像是传授而不是自夸的方式分享出来。例如，她可以向老板说："当我想出产品名称的点子时，我使用了一种被称为'联想头脑风暴'的技术来释放我的创造力。如果你认为这项技术可能在未来的会议中对大家有所帮助，我很乐意与团队分享它。"

这是一种比简单地宣称"这是我的想法"更为巧妙的做法，但其所包含的信息仍然响亮而清晰。另外，这是一种展示自己能够成为领导者的方式，因为你愿意分享专业知识。这种野心完全不傲慢。老板们总是在寻找能够创造性地解决问题的人。如果你能够分享适用于公司可能面临的其他问题的策略，那就非常有价值。

如果你的公司定期召开会议、分享案例研究、讨论进展顺利的情况并从中汲取经验的话，请考虑将你的成果作为案例研究提交。这样一来，你将有机会向更多观众讲述你的故事，同时也给大家提供了学习机会，还能很好地传播你的理念。

提名你自己

能够登上你所在行业优秀从业人员的榜单是获得认可的一个重要方式。你认为人们为什么能登上这样的榜单？答案是她们提名了自己，或者通过所在公司提名了自己。为什么不让自己去获得这样的荣誉或者获得一个行业的奖项呢？这是一个简单的能让你为自己的努力工作获得荣誉的方式，而且还能为你带来更多的机会。

也许你觉得这样做是愚蠢的，但是没必要这样想。为什么不认可自己的辛勤付出？而且，如果你没有获奖或者选上，你也没有失去什么。如果你真的上榜了，记得把它加到你的邮件签名档里。一封附有福布斯"30位30岁以下精英（30 Under 30）"榜单的创始人链接的来信会从密集的邮件里脱颖而出，我也更可能把与他们的会面加入我的日程表里。

2）一对一处理

没有某种特定或者可传授的方法让你一定占上风，但你还是可以用得体的方式声明你做出的贡献。大多时候，我发现一对一的互动比小组互动更有效。在亲密的群体中比在一大群人面前更容易控制你所传达的信息以及别人对你的看法。例如，我告诉瑞什玛，当她与招聘人员、导师甚至同事交谈时，她可以利用这些谈话作为机会，以谦虚的方式提及自己的成功，比如："我真的很兴奋，因为我为公司起的名字有这么好的反响。"

我给瑞什玛的另一个建议是，先假设她的老板已经知道这是她的主意。毕竟，她不确定约翰是否与他分享了这一信息。我鼓励她在下一次的每周汇报时说这样的话："约翰有没有告诉你我们那次头脑风暴多么精彩？当我听到你如此喜欢我的想法时，我非常兴奋。"

瑞什玛起初对这个想法犹豫不决。她在部门内有一个亲密的朋友金，金也出席了头脑风暴会议。金为瑞什玛打抱不平，准备去告诉老板是瑞什玛想到了这个名字。我提醒说，金告诉别人这是瑞什玛的功劳没有错。但是，在不添加任何负面内容或指责约翰窃取瑞什玛的想法的情况下，瑞什玛也可以同时展示野心而不失被喜爱的特质。

3）尽量与他人分享你的功劳

请记住，当你在工作中取得胜利时，你不太可能独自完成这一切，因此分享功劳非常重要。这有时会让"友善女孩"陷入困境。对有野心的女性很常见的一种不公平的批评，就是说她们很自私，只为自己着想，因此在适当的时候，分享功劳显然是击退这种观念的好方法。但如何才能避免过犹不及，避免自己在幕后默默无闻呢？在我的职业生涯中，我发现我们可以既分享功劳，同时也不减损自己角色的重要性。

就瑞什玛而言，她的想法并不是在头脑风暴会议一开始就提出的。有可能是其他人说了一些话，激发了她的绝妙想法，即使可能只是在潜意识层面上。我们讨论了这样一个方案，即她可以通过说这样的话来分享功劳："当我想到这个想法时，我们正在进行热烈讨论"，或者"每个人的想法对于激发出我的这个想法都非常有帮助"。这对她来说是真实的，当她在我们又一次碰面时告诉我她决定用这种方法跟她的老板沟通时，我为她感到骄傲。这清楚地确立了她作为获胜创意拥有者的地位，同时也凸显了她周围人的贡献。

与他人分享成功的五种方法

·如果你的非直属下属对一项重要计划有所贡献，或者帮助你获取成功，给她的领导发一封邮件，并且抄送给她。这样做也许只需要十分钟，但是她会很感激你。

·在会议上称赞同事的出色工作，让她站起来赢得大家的掌声。

·邀请一位同事共进午餐，庆祝你们合作愉快。

·给帮助你成功的同事送一份小礼物。比如说，如果她喜欢在上班路上买拿铁，给她准备一张星巴克的礼品卡。

·如果一个老板或同事错误地将其他人的工作成果归功于你，用不让他们觉得自己愚蠢的方式表达出来。可试着说"这很棒不是吗？这是珍妮特的想法"。而且最好直接在其他人错误地归功于你之前就带头说："珍妮特的想法棒极了！"

2. 勇于站出来

有野心也体现在能够去抓住新的机会。可悲的是，多年来，我发现与我共事和我指导过的许多女性都不如男同事自信。确有研究支持这种"信心差距"的观点。多种研究表明，男性倾向于高估自己的能力，而女性则往往低估了自己的能力。

当惠普公司希望让更多女性担任高层领导职位时，他们发现，只有当女性相信自己 100% 满足该职位列出的资格条件时，她们才可能申请晋升。换句话说，她们只有在与该职位完美匹配的情况下才会申请。而男性如果只满足 60% 的资格条件，就会毫不犹豫地申请。这种差异是巨大的，并直接导致了女性在领导职位上的代表性不足。

我承认，在我自己的职业生涯中，我也难辞其咎。当美国在线收购电影地带并随后与时代华纳公司合并时，我正在电影地带工作。我三十岁出头，在电影地带工作了几年，我开始渴望做一些不同的事情。我听说高层领导正在组建一个团队，以弥合美国在线和时代公司（时代华纳公司的杂志出版部门）之间的鸿沟。这两个部门之间关系紧张，因此他们正在寻找具有特别良好的人际交往能力的人来帮助两个部门一起工作。

这个机会听起来非常适合我，而且我挺想为时代公司工作。我想站出来，但又犹豫不决。我从未从事过杂志出版工作，所有那些标志性的时代公司品牌（《时代》《财富》《人物》等）都令人生畏。我知道出版界一些最聪明的人都在为这些品牌工作，我开始怀疑自己的资历。

我在美国在线有一位男同事，他的情况与我非常相似，经验也相仿。但与我不同的是，他立刻就跳了起来。他知道我有很强的人际交往能力，于是鼓励我和他一起。事实证明，抓住这个机会让我在时代公司开启了全新的职业生涯。

我现在知道，我和我的同事无意中体现了女性和男性处事的典型区别：男性通常会立即站出来，而同样有资格的女性往往会犹豫不决，等待被邀请。我看到我指导的女性一直在这样做——怀疑自己的能力，直到她们意识到凭自己的能力远远可以胜任之后才站出来。

所以，如果女性因为低估自己而失去地位，我们能做些什么呢？第一步，听起来很简单，那就是要有这个意识。如果一个机会让你感兴趣，但你担心自己不够格，请提醒自己，你可能比你想象的更适合。

然后，调整你的自我评估。请记住，一项研究表明，男性往往在只满足 60% 的资格要求时就会大胆申请工作。所以问问自己："我有 60% 的资格胜任这个机会吗？"如果答案是肯定的，那就去吧。因为男性在相同的情况下很可能就去争取这个机会了。我在第五章中分享了更多增强信心的技巧。

除了信心差距之外，女性常常无意中自我设限。从读小学起，我们就被教导要做"好女孩"，整天坐在书桌前完成工作。研究表明，小学老师对待男孩和女孩的方式非常不同，而且往往是无意识的。他们会称赞女孩子整洁、安静、乖巧，却鼓励男孩子独立思考、积极主动、大胆发言。

当然，你必须完成你分内的工作，但同时抬起头来也很重要。我的意思是，从办公椅上站起来，看看周围发生了什么，机会和空缺在哪里。你可以通过主动承担更多责任来为自己争取一席之地吗？我指导过的一些女性会避免这样做，因为她们担心自己会显得太咄咄逼人。但根据我的经验，当有人挺身而出主动承担更多责任或抓住机会时，领导者会非常感激这个人。

我知道保持专注、做好你的工作然后回家是多么诱人，但这不是你能取得成功的方式，而且这也绝对不是"好女孩"所能给世界提供的全部。要想进步，就必须抬起头来。这里有一些方法可以让你在不显得咄咄逼人的情况下做到这一点。

1）简化事情

在我职业生涯的早期，我在可口可乐公司工作时，我看到我的老板每天被淹没在海量的信息里：一个又一个的报告，一封又一封的电子邮件，一个又一个的会议。设身处地地想象一下在管理数百名员工的同时尝试吸收所有这些信息是什么感觉，我才体会他的难处。因此，我的目标是始终向他提供尽可能浓缩的关键信息，以便他能够快速掌握情况并做出明智的决定。

老实说，这样我需要付出更多。我需要花好几个小时完成一份包含许多电子表格的复杂财务分析，并将其简化为只有一页的关键信息。当然，对我来说，带着所有电子表格进入他的办公室会容易得多。说到这里，你可能会认为这只是一个我卑躬屈膝的故事。但请听我说：这实际上是我向上走的方式——一种很好的方式。我知道我的老板会欣赏我如何尽力节省他宝贵的时间。另外，这也让我的老板更容易对我所展示的内容做出快速决定，反过来又能帮助我更有效地履行自己的职责。

几年后，当同一个老板提拔我担任可口可乐公司一个价值十亿美元的部门的财务总监时，我才二十九岁。突然之间，我手下有了一百四十人，其中许多人已经在可口可乐公司工作了多年。我不明白我何德何能，可以比那些经验更丰富、入职时间更长、比我年长的同事更早获得这个升职机会。于是我直接问老板："为什么是我？"

他的回答影响了我的整个职业生涯，也是我多年来与数百名年轻女性分享的话。他告诉我："因为你很聪明，你让我的生活变得更轻松。"我花在编辑简报上的所有时间都得到了回报。通过承担超出我职责范围的工作，我证明了我的勤奋和高效。我抬起头来，看到了老板真正需要什么，然后站出来替他分担。

2）在他的清单上分担一些事

另一件我为可口可乐公司老板做的事，对我们双方来说也是双赢：观察到他的时间总被不断的会面需求打断后，我提出替他与外部供应商和其他希望与他会谈的人进行初步会面。再说一次，我这样做不仅仅是为了帮助他。我是在主动出击，填补我认为是机会的空白。通过这些会面，我获得了在职业生涯的那个阶段无法获得的宝贵经验和知识。此举对公司和我的老板也有好处。许多担任初级职位的女性只是等待老板为她们分配特定的工作。这当然没有什么错，但不能展示出你的雄心壮志。请抬头看看你周围发生了什么。你的老板是否压力过大、忙不过来？如果是这样，你可以做些什么来提供帮助吗？

看看这个人需要处理哪些事情以及你可以如何做出贡献，然后走过去，主动提出承担一项特定任务。也许你可以尝试做一下他必须创建的报告或演示文稿，或者做一些你知道他需要的研究。作为老板，每当我的团队成员主动提出为我撰写报告初稿时，我总是感到如释重负和感激。而且，如果你以这种方式参与进来，那么你最终将很有可能一起参加提交报告的会议，并在此过程中获得曝光机会并学到知识。

这种方法比仅仅问"我能提供什么帮助吗？"要有事业

心得多。愿意提供帮助固然很好，但如果不是主动承担一项明确且具体的任务，反而是把责任推到了对方身上。换句话说，现在他反而又多了一件事情要做，那就是弄清楚你可以如何帮助他。与其如此，不如直接观察他的需求并思考需要做什么以及如何做。这不仅仅是一种友善或一种服务他人的方式，还是一种强有力的提升方式，也是获得高级项目经验的绝佳机会。

3. 创造机会

如果你真的想成功，仅仅抓住已经准备好的机会是不够的。有时，你必须为自己创造机会。采取主动能够让自己建立有创造力、有事业心和积极主动的形象。当你努力抓住现有的机会时，不要忘记还有无数尚未发现的机会。你能从头开始创造什么？可能是新客户群的想法、节约成本的机会或你的公司当前尚未探索的新技术。

例如，当我在电影地带时，我和我的同事谢丽尔·格罗斯曼意识到，我们一直专注于向电影制片厂销售广告，而完全忽视了其他品牌的潜在广告收入。我想创建一个专注于此的团队，但我担心采取主动会得罪别人。这就是"友善女孩"派上用场的地方。我首先去找我的同事——特别是首席营收官和研究主管——并询问他们的意见："我们的电影制作广告业绩已经蒸蒸日上了，但或许我们在其他品牌那里反而没赚到该赚的钱，你们怎么看？"

一旦获得他们的支持，我就去找老板，告诉他我想创建一个小团队，专注于从其他品牌获得一些广告收入。他允许我雇用两个人来创建这个团队。我们非常成功——部分原因是我们已经得到了同事的全力支持。当你创造机会时，找到关键利益相关者并让他们与你站在一起是至关重要的，让他们成为这个过程中重要的成员。通过清楚地告诉他们你在寻求合作而非竞争，你就会赢得他们的信任和尊重。

如何表达想法本身也很重要。当我成为老板后，我很快就注意到，当我的员工想找我谈一个可行的想法时，男性员工和女性员工的处理方式往往完全不同。一般来说，男士们会突然来到我的办公室，给我做一个快速的推介，而女士们则会带着一个内容丰富、组合精美的演示文稿来找我。

做足准备并没有什么错；事实上，我强烈推荐你这样做。在将一个想法提交给老板之前，表明你已经对这个想法进行了认真的思考，这当然是件好事。但事实是，如果你在得到老板的反馈之前，不在每个机会上花费数十个小时，你就可以创造更多的机会。这才是你真正应该花心思的地方。

要创造机会，请从轻松的闲聊开始，然后，如果你得到了热情的回应，就可以着手进行更正式的提案。初次对话，请先给对方提供标题：你们要讨论的主题是什么。然后，将你的想法分解为三个要点来概括：你正在利用的机会（或你试图解决的问题）是什么；一些可以证明机会大小的数据点；为什么你是解决这个问题的人。

如果你没能得到认可，那也不会造成任何损失。因为你还没有在这个想法上投入太多，你可以自由地思考另一个很好的机会。

✦ 受欢迎的缺点——取悦他人 ✦

当你努力工作，用友善来作为你雄心壮志的推动力时，请注意区分真正的友善和取悦别人。取悦别人是指在工作中专注于讨人喜欢和迎合他人，不惜牺牲自己的利益。同时保持友善和强势是可能的，但这是一种微妙的平衡。当你尝试取悦他人时，你很难被视为一个强有力的领导者，而容易被认为是犹豫不决和容易受挫的人。

直到今天，许多女孩还是从小接受学会取悦别人的教育，这如此根深蒂固，以至于你有时候难以区分你是在取悦别人还是真的想做某件事。我也仍会为此挣扎。因此，我想在这里花点时间提请你注意友善和取悦之间微小但本质的区别。当你浏览如下信息时，请花点时间思考这两个概念之间的主要区别。

友善是积极、诚实、直率。

取悦他人是把事情隐藏起来，避免引起麻烦。

杜克大学的研究表明，当 MBA 毕业生抱有积极的态度并相信自己的工作可以为公司做出有益贡献时，他们更容易找到工作，起薪也更高。随着时间的推移，他们也比悲观的同龄人更频繁地升职。我当然认为保持积极是真诚友善的一个重要方面，但如果你太过专注于避免冲突而刻意将潜在的问题掩盖起来，那么你就不是友善的——你只是在取悦别人。

曾经有一段时间，我也陷入了这个陷阱。当我担任美国在线的节目副总裁时，我要为一位高管做演示。我的团队的任务是提出五个想法，每个想法将为公司带来超过一百万美元的收入。团队中的每个人都努力工作，尽自己的一份力量构思充足的想法。在这场大型会议的前一天，他们与我分享了这些内容——但我很失望。我感觉他们的观点不够有说服力，但是我那时首先想到的是不要麻烦我的领导再去争取时间了，因此我彻夜未眠，重新准备了一份第二天要展示的想法清单。

不幸的是，我的演讲进行得并不顺利。在会议上，我的团队成员看到我所做的展示后都感到震惊。他们辛辛苦苦想出来的所有想法都在哪里？最后，整个演示失败了。对于这份新清单，我的团队没做准备，所以无法支持我的想法。最糟糕的是，我一手炮制了此次失败。虽然我一直试图取悦每个人——对我的老板，我不去争取更多的时间；对我的团队成员，我没要求他们做更多的工作——但最后是我剥夺了在场的每个人的权利，导致了如此令人失望的结果。

现在回头去看，我很清楚自己哪些做法应该改进。我本应该知道让团队在最后一天才向我展示他们的想法是仓促的，如果我可以更早获悉他们的想法，我就可以处理得更好。

但如果我可以回去重来一遍（如果可以的话！），我会告诉我的老板："我们准备的想法并不如想象中完善，我不应该浪费你的时间来向你展示它们。我宁愿重新回到团队中去指导他们。我相信准备更充分的时候，我们可以做得更好。"这种策略不但不会造成问题，而且仍然能让我保持积极的态度，因为它提出了解决方案而不是制造了新问题，而且它以诚实和真实的方式面对这个问题。这会是一个很好的、有效的处理方式。但我当时试图取悦所有人，最终却没有取悦成任何人。

> 友善是乐于助人。
> 取悦他人是驯顺服从。

不幸的是，性别歧视在工作中依然存在，女性被要求跑腿、倒咖啡和帮忙的次数远远多于男性。显然，这不但对我们是一种侮辱，也是在浪费我们的时间。然而，讨人喜欢和真诚友善也包括了乐于助人，并为他人竭尽全力。那么你如何厘清界限呢？

这是我在职业生涯早期制定的规则，即如果（且仅当）我真心想帮助别人或者如果我有这样做的战略原因，那么我很乐意为别人帮忙或办事。例如，当我在时代华纳公司担任执行制片人时，我的团队正在为一个大型演讲工作到很晚。我去星巴克给团队成员买了咖啡，让他们保持清醒和动力。当我担任初级职位时，每当有更高级别的人请求帮忙时，我都会答应。因为我知道这些人以后或许会对我有帮助，所以我很乐意帮忙。

但也有一些情况，我只能拒绝。一个令我震惊的事例发生在我在电影地带工作的时候。我的团队飞往洛杉矶与一家大型电影制片厂开会。当工作室主管进来时，我们都坐在会议桌旁。我是我们团队中唯一的女性。他绕过桌子，和我们所有人一一握手。当他走到我身边时，他问道："你能给我准备一杯咖啡吗？"

我的大脑飞速运转。我想说不，但我听到脑海里的声音警告我不要粗鲁，以免不讨人喜欢。同时，我也知道，如果我给他倒咖啡，就会影响我在会议中的权威性，因为那将是一个真正只顾讨好他人的举动。最后，我站起来，握着他的手，说道："我是弗兰·豪泽；我负责电影地带。"他意识到自己的错误，并让助手给他倒了咖啡。

制定一个规则很重要，这样你就知道要对哪些类型的任务说"是"，哪些则要说"否"。这样，你就不会因为某个要求而措手不及，也不会因答应了某些事又后悔。我见过很多女性在工作中表现出被动攻击性。当我与她们谈论这一点时，我意识到这源于她们一直以来表面在顺从而心里有怨气。这是取悦别人以后常见的负面影响，它会影响你在工作中的表现和成功。

例如，当我在美国在线工作时，我注意到一位名叫杰基的初级设计师经常在会议中翻白眼并发表冷嘲热讽的评论。某次会议结束后，我问她是否有时间聊一聊。我们走进我的办公室，我说："我在最近的一些会议上注意到你不太自如，好像有什么事情困扰着你。我想了解一下发生了什么事，看看是否可以提供帮助。"

杰基一开始很犹豫。"我不确定和你谈论这件事是否合适。"她说。我告诉她，任何与她工作表现相关的事情，她都可以放心与我谈论。最后，杰基表示，她厌倦了为整个设计团队当"跑腿女孩"。杰基二十五岁；这是她大学毕业后的第二份工作，她是一名设计师，而不是助理或协调员。但她恰好是团队中资历最浅的人，所以某些任务自动落到了她的身上。

我请杰基再跟我多说说她的经历。当我们分析她讨厌的这些责任和杂务时，我发现有些事情（例如为其他设计师复印文件）她可能必须继续做。"我记得在我职业生涯的早期也这么做过。"我告诉她。这让她感觉到自己的经历并非被特别针对，诸如复印等工作通常是资历最浅的团队成员的职责。

但杰基被要求做的另外一些任务似乎不太合适。例如，每天下午她都被要求出去为整个团队买零食和咖啡。这对她的工作日程来说是一个巨大的干扰，因为她永远不知道什么时候有人会叫她出去买东西，然后她就必须停下手头的事情，收集每个人的订单，然后去跑腿。

我建议杰基和她的经理谈谈："我想听听你对某件事的建议。我喜欢帮助团队，我想成为一名团队合作者，但当我在设计的时候，出去给每个人买零食会干扰我的工作。"这样听来，她就并不像是在抱怨，而是在为自己挺身而出。

杰基的经理积极响应，并决定制作一张登记表，以便不同的团队成员轮流出去买零食。当轮到杰基的时候，她会提前知道，并且可以控制自己什么时候想休息一下再去接订单。这样一来杰基就能够更加专注于她的工作，而且更好的是，她的态度也发生了转变，她变得更加积极，愿意在会议中做出贡献。

如果你不确定自己是否被利用，或者要求你完成的任务是否符合特定的企业文化，请向公司中你信任的人寻求建议，可以是同事、导师，甚至是你的老板。这在很大程度上取决于企业文化。当然，关于什么是合适的通用标准，与公司中能够提供额外见解的人交谈总是有益处的。

友善是谦虚。

取悦他人是贬低自己。

你是一位强大、有进取心的女性，但要能有一点幽默感和松弛感就更好了。任何领导者，无论男性还是女性，不把自己太当回事时，是很可爱的。展现一点人性会解除你周围人的戒心，让你显得与人亲近且没有威胁性。然而，也要注意不要做得过头，真的去贬低自己，否则就会投射出一种负面的形象，最终可能会阻碍你。

例如，当我在美国在线工作时，我有一位名叫玛丽亚的同事，她经常迟到。更糟糕的是，她经常说"我最差劲了"或"我就是无法振作"之类的话来贬低自己。第一次听她说这种话时，我觉得很好笑，也觉得她显得更有人情味了。毕竟，玛丽亚是一位成功的女性，在公司担任高级职位。她可能故意这样做，只是为了让她身边的人感到更舒服。

但玛丽亚一遍又一遍地说这些话，降低了她自己的可靠度。由于她表现得非常没有条理，以至于做决策的人有时会跳过她，转而询问她团队中其他人的意见。有几次，她不同意所做的决策，这在部门内部引起很大的冲突和失衡。

谦虚和自我贬低之间只有一线之隔。注意你谈论自己的方式。如果这听起来很刺耳、挑剔或有辱人格，请尝试给自己更多的尊重。你永远不应该为了抬举别人而贬低自己。

受欢迎 + 有能力 = 讨人喜欢的闪亮之星

我并不是唯一重视工作中受欢迎程度的人。《哈佛商业评论》发现，在决定与谁合作时，人们更看重受欢迎程度而不是能力高低。如果某人非常不讨人喜欢，那么他的能力就变得无关紧要。然而，如果某人很受欢迎但缺乏能力，他们的同事更有可能善意地评价他，并希望与他合作以提高他的能力。《哈佛商业评论》将那些既受欢迎又有能力的人称为"讨人喜欢的闪亮之星"。这些讨人喜欢的闪亮之星完美地结合了受欢迎和有野心的特质，是许多女性努力想要达到的目标。

北卡罗来纳大学教堂山分校的研究也证实了这一结论。他们研究了地位和受欢迎程度之间的差别，尤其是针对青少年时期的男孩女孩，发现男孩可能具有较高的地位和受欢迎程度，而被钦佩的女孩通常不受欢迎。然而，当研究人员对高中毕业十年后的青少年进行追踪时，他们发现那些讨人喜欢（定义为有爱心、善良和开放）并且在商业中能够运用这些技能的女孩拥有更积极的人生。与此同时,十年后,那些所谓受欢迎的少女(又名"坏女孩")的表现却不佳。她们的人际交往不太顺利,而且更可能出现吸毒和酗酒问题。

　　这与你在第一章中读到的研究是紧密相关的,该研究发现,在工作中看待一个人时,值得信赖比有能力更重要。事实上,所有这些研究都与现实情况中的商业世界假设相矛盾,即你必须残酷无情才能取得成功。虽然友善通常被视为一种弱点,但我的经验和这项研究证明了它的重要性。当你将你的事业心与你真诚的善良结合起来时,它们就能成为你成功所需的工具。

要　点

· 社会对于富有野心的女性存在双重标准：女性越成功、越雄心勃勃，她就越不讨人喜欢。但我们也可以推翻这种看法，变得既成功又受欢迎。

· 要做到这一点，需要敢于承认自己的功劳，同时不能忘记大家的功劳，即使在不确定自己是否适合某项工作时也要挺身而出，并为自己创造机会，这将使你和你所在的公司受益。

· 友善并不意味着取悦别人！永远不要仅仅为了避免引起麻烦而表现得顺从或自我贬低。相反，积极、诚实、乐于助人和谦虚会让你成为一个天生善良和强大的领导者。

第三章

自信而友善地
表达

我最近做了一场演讲，主题是如何富有同理心地去领导团队，台下有一百多个大学生，其中大多数是女性。当我的演讲结束，到问答时间时，我注意到，在举手的二十多个人中，只有一个是女学生。然而当我回答完问题准备离开讲台时，不少女生却排队想要和我一对一地交谈。

　　活动结束后，我与商学院院长交谈，并指出了我注意到的女学生的情况，即她们似乎更愿意单独与我交谈，而不是当众向我提问。他回答说："无论演讲者是谁，每一次都会发生完全相同的事情。"

　　让我惊讶的是，这些年轻女性在一对一谈话中的自信和智慧给我留下了深刻的印象，但她们在公众面前仍然不敢说话。但这确实不应该让我感到惊讶。在我的整个职业生涯中，我知道有很多女性会倾向于在集体场合保持安静。而且，正如你之前所读到的，这是我必须积极与自己作斗争的事情。

　　一旦我开始发声，我就发现有必要大声疾呼，以便尽可能有效地履行我的职责。然而，我身边还有许多被认为软弱无能的女性，因为她们从未表明自己的立场。无论这些女性在私下的交流中多么出色和令人印象深刻，在会议上不发言都会让她们失去在职场上取得成功的机会。当女性不去当众分享自己的想法时，她们的贡献很容易被忽视，而且她们也很难被视为领导者。人们天然希望追随那些立场坚定、自信地表达自己观点的人。

畅所欲言不仅对你自己的职业发展很重要，而且你的想法和意见很有价值，如果没有机会被世界听到，那真的是个损失。2014 年，《科学美国人》(Scientific American) 发表了一篇关于多样性如何推动创新的开创性特别报告。通过数十年的研究，研究者得出结论，"具有不同种族、民族、性别和性取向"的群体比同类群体更具创造力和创新性。因此，听取多种不同的意见一定会带来更好的业务成果。这意味着，无论你从事哪个行业，如果你学会畅所欲言并愿意表达你独特且有价值的观点，都可以为你所待的公司和你自己的职业生涯带来帮助。

✦ 总想取悦他人是一种病 ✦

那么，为什么这么多女性仍然下意识选择缄默，不惜牺牲自己的成功呢？一般而言，自信表达的女性常常被认为过于咄咄逼人——这样的双重标准让女性很难表达自己的意见，因为她们不想让同事觉得自己太有主见。这可以追溯到一种取悦他人的倾向。因为采取某种鲜明立场，将不可避免地和一些人变得疏远——至少我们是这么认为的——所以取而代之，我们选择谨慎行事，扮演取悦他人的角色，并保持沉默。

这种取悦他人的习惯往往从童年就开始了。根据祖安·迪克博士的研究，当女孩在八岁到十二岁时，她们会第一次意识到别人如何看待自己，并开始"伪装"自己的真实想法和感受，以便融入他人，与同龄人相处得更好。这些女孩不想与众不同，所以她们不再大声说话，不再表达自己的观点，而是开始像其他人一样行事，以取悦他人并融入团体。

在此之前，大多数女孩其实可以毫无障碍地表达自己的观点。如果你曾与八岁以下的女孩相处过，那么毫无疑问你会知道这一点！但迪克采访的许多青少年女孩承认，即使她们对某个主题有自己的看法或重要认知，她们也会保持沉默，以避免被视为"太急切""烦人"或"专横"。

这似乎是青少年的正常现象，但其长期影响可能非常有破坏性。当女孩开始伪装真实的自我时，随着她们身份的不断变化，她们逐渐失去了发现和感受自己真实想法的机会，也更难清楚表达内心的这些感受和意见。因此，尽管过去几十年来，社会一直在宣传女性赋权，许多职场女性仍然在努力克服这种伪装、隐藏或弱化自己的想法，而不是直接表达的倾向。就像我的学员问我的关键问题之一"如何友善又自信地表达"，这个问题也是我对全美女性进行相关调查时提出的第一个问题。以下是她们的一些说法：

· "如果我过于沉默，领导会认为我没有更多意见补充；但如果我过于频繁表达，同事会认为我太热衷表现自己。我根本没办法同时避开这两者。"

· "我天生就是个爱直接沟通的人。这经常被误解，人们会误以为我很粗鲁。我很讨厌我必须在工作上表现得很合群。"

· "有时候，在会议里发言对我很难。我总是觉得别人的观点更重要，而且我不想浪费别人的时间让他们听我说话。"

这里面有些话是否听上去很熟悉？至少对我的确如此。作为一个自信的女性，我会因为不断遭遇隐性偏见而感到难受，我的自信会被视为粗鲁、咄咄逼人甚至愤怒。

不幸的是，额外的偏见让事情变得更加复杂。最近，我与身兼作家、演说家、律师、美国女童子军前首席执行官的安娜·查韦斯谈论了这个问题。作为一名如此坚强、成功的有色人种女性，她也感受到，在工作中表达自己的观点时，会被不公平地贴上愤怒或好斗的标签。她也必须努力才能争取得到认真对待——尽管这是一个几乎不可能实现的平衡点。

安娜分享了她刚开始出来工作时发生的一个故事。那时她第一次被派去代表联邦机构参加执法听证会。她刚刚从法学院毕业两年，比她的实际年纪看上去年轻。当她走进科罗拉多州奥罗拉市的听证室时，有几名男子已经坐在会议桌旁。一名官员看着安娜，问她是否知道听证官什么时候到达，因为他和他的同事非常忙碌，需要尽早赶回办公室。他以为安娜是秘书或律师助理。安娜停顿了一下，说道："好吧，你很幸运。听证官已经到了，我已准备好开始诉讼程序。"

所有的男人都对安娜将决定这场联邦听证会的结果感到震惊。在整个过程中，安娜发现自己试图向这些男人证明自己的威严，同时还显得有些讨好他们。在那以后的几年里，安娜学会了忠于自己，专注于工作中有意义的部分，并始终努力以她希望被对待的方式对待别人，希望以此为示范。这听起来可能像是陈词滥调，但这种专注于内心的方式帮助她表现出一种安静的自信，在坚强与善良、自信与同理心之间取得了艰难的平衡。

对我来说，安娜就是一个生动的例子，证明我们不必为了变得强大而放弃善良。我们可以为别人腾出空间，也可以为自己占领适当的空间。你挺身而出并以权威的方式说话并不会贬低任何人。事实上，学会拥有自己需要的空间和时间，同样能够启发其他女性。因为越多的女性停止伪装自己，我们就越能带领每一位女性变得强大。

✦ 开口的策略 ✦

再回到上文的案例，我的老板发现我在会议中很少发言，并指出这与我们一对一会面时他对我的印象有多么不同。为了敦促我多发言，他开始在每次会议前给我布置作业。他会打电话说："弗兰，在今天的会议上，我将请你向大家通报重组的最新情况。"

这让我有时间准备我的想法，并以令我舒适的方式做出贡献。这样尝试了几次之后，我意识到无论是否有这些任务，我确实有有价值的事情要说。当我表达得越多，我就越自如。

如果所有老板都鼓励女性员工以这种方式发言，我认为这将对女性（尤其是年轻女性）产生巨大影响。本着这种精神，想想你可以如何帮助那些也许害怕发声的女性同事。几乎在我参加的每次会议上，我都能看到女性静静地坐着。我喜欢做的一件事就是点出并轻声敦促一位我看到的很难开口的女性，比如："莎拉和我之前讨论过这个问题，我真的很欣赏她的观点。莎拉，你能和大家分享一下你的想法吗？"

是的，若你提前让这个人做好准备将会极为有利。当你转向她时，她就已经准备好了，而不是粗暴地让她处于尴尬中。我使用的另一个策略是让新团队成员有机会享受一次小小的胜利，然后我在小组会议上宣布这一胜利，这将增强他们的自信心。例如："玛丽亚昨天刚刚达到了她的目标。恭喜你！你能让团队知道你是怎么做到的吗？"

当我努力去发出自己的声音时，我依靠以下技巧来鼓励自己多说并在会议中更多地参与：

· 我通过查看议程和做功课提前做好准备，这样我知道我能输出一些有价值的内容。如果没有公布议程，我会向会议召集人询问预定的议题清单。

· 在每次会议之前，我都向自己做出积极的承诺，除了"是"或"这很有趣！"等简单的一次性台词之外，我必须至少发表一条评论。

· 比起等待一个出场白（我想表现得友善并避免被打断），我会在一个话题开放讨论时努力做第一个发言的人。

· 我会用一些准备好的词组帮我开场，比如说：

——"我有一个建议……"

- "我做了一些非正式的调查，发现了……"

- "这是我一直在思考的……"

·我也会准备一些短语帮助我加入一场对话：

- "我非常喜欢这个观点，而且……"

- "这让我想起了……"

- "在这个基础上，我在想我们是否……"

另一个我所使用的技巧几乎是下意识的，实际上就是重复另一个人的部分句子，然后以这个想法为基础。起初，这只是让我可以更舒适地发表自己观点的一种方式，但我的同事一再告诉我，这有助于他们对自己的观点更有信心。任何让双方对沟通感到更积极的事情绝对是双赢的。

✦ 表达的弱化和强化 ✦

当你发言时，一定要彰显出你的权威和力量。正如你之前所读到的，女性有时会以许多无意识的方式掩饰自己的想法和观点，从而削弱观点的有效性。

一些特定的习惯和短语可以增强或削弱我们的表达。很多时候，我们会下意识地做这些，就像我们从小学开始就学会了伪装。如果你不确定自己是否作了其中任何一项，请值得信赖的同事注意你在会议中所说的内容和方式，并给你诚实的反馈。然后，致力于改变那些会降低你影响力的习惯。

1."对不起，不要'对不起'"

为了避免给人留下恶毒或粗鲁的印象，女性经常做的一件事就是道歉——即使我们没有做错任何事。你可能已经对这种现象非常熟悉了。当别人撞到你时，你有没有发现自己在道歉？或者你是否曾经在餐厅吃错了饭菜，并为将食物退回而向服务员深表歉意？《心理科学》杂志发表的一项研究表明，女性确实比男性更频繁地道歉。不幸的是，当我们在工作中这样做时，我们可能会看起来更容易屈服。

当我意识到自己在工作中道歉太多时，我决心改掉这个习惯。我首先在我发送的电子邮件中搜索所有提到"抱歉"一词的内容，以便更好地了解我在没有意识到的情况下何时、如何以及向谁道歉。我很快发现我为各种各样的事情道歉，比如过了一天多才回复电子邮件（"嗨，约翰，很抱歉我花了这么长时间才回复……"）或者某位同事提议的见面时间对我不方便（"很抱歉，那个时段我没空，但是……"）。

读完这些电子邮件后，我清楚地意识到，我为这些微不足道的事情道歉，无意中让自己处于弱势地位。为什么我要暗示我有责任立即回复电子邮件，或者我应该按照对方的日程安排工作？不知不觉中，我一直让自己显得顺从。从那时起，我开始在发送所有电子邮件之前重新阅读它们，以确保其中不包含不必要的道歉。我还下载了出色的"只是不抱歉"邮件插件，这是一个谷歌浏览器的扩展程序，可以突出显示电子邮件中可能会破坏你想要发送的真实消息的表述。

用其他东西代替我不自觉说的"对不起"也很有帮助。当我坐下来思考我试图用"对不起"这个词来表达什么时，我意识到我真正想表达的是对对方所花时间的感激和欣赏。所以我开始用"谢谢"代替"对不起"。这是一个简单的调整，但这个调整确实改变了一切。说"谢谢"比"对不起"效果更好，也更符合我最初想要表达的意思。

如果你倾向于过度使用"抱歉"这个词，请考虑一下你真正想说的是什么。尝试找到另一个表达意愿更强烈、更接近你真实意图的单词或短语。请记住，如果你没有做错任何事，则无须道歉。

但"对不起"并不是唯一会削弱友善女性表达的词汇。《女孩在顶峰》（*Girl on Top*）一书的作者妮可·威廉姆斯（Nicole Williams）指出，女性在试图表现得友善时经常使用以下言语削弱手段。请注意你是否做了这些事情。对于前两种，你可以仔细阅读你的电子邮件以确保你没有使用它们。对于其他几种，试着找一个可以充当"问责伙伴"的同事，他能在每次你做不必要的道歉或无意中削弱你的话语时给你一个信号。你越能意识到这一点,你就越能自信、清晰地表达自己的想法。

常见的削弱表达句式

· 通过说"我可能是错的,但是……"来表达自己的观点。如果你以这种方式开始你的句子,那么你在说出自己的想法之前就已经在怀疑自己的想法了。

· 无法大方认同自己的想法,会说"我觉得"而不是"我知道"。

· 在句子末尾提高音调,将肯定句变成疑问句。这种现象也被称为"句尾扬声",是女性让自己显得被动而不是坚定和主动的主要方式之一。

· 说话时耸肩或低头。这种肢体语言让我们显得不那么自信和有能力。

· 在句子结束时声音逐渐减弱,传达出我们对自己的陈述缺乏承诺的讯息。

当然,女性使用上述方式的主要原因之一是,我们担心如果我们表达强烈的意见,我们会被认为过于咄咄逼人。但事实是,你不必在保持安静和言辞严厉之间做出选择。你可以清晰而坚定地表达自己,并且仍然被认为是一个真正善良的人。

为了找到适当的平衡，让我们来看一个需要大胆发言的情境，并检验一下以下三种选择何者能最有效地做到这一点。假设你正在召开团队会议，讨论需要提出明确的建议。大家进行了很多轮来来回回的讨论，但没有人表明立场。你觉得你有一个很好的想法，可以推动讨论继续进行。你可以选择以下三种方式发表意见：

1. 太软弱——"我不确定其他人对此有何感想，但我认为……"。这表明你对自己的意见没有信心，并且过于依赖感觉而不是事实。

2. 太唐突——"我已经弄清楚了，这就是我们应该做的事情。"这仅以你个人为中心，没有将功劳归于在头脑风暴会议期间做出贡献的任何其他人。

3. 恰到好处——"听到大家的想法后，我的头脑越来越清晰；我认为我们应该采取以下措施来向前迈进。"这是承认他人的意见和自信地表达自己的意见之间的良好平衡。正如三只小熊的童话故事，这样做恰到好处。请记住，要达到这种平衡你需要练习；重要的是你要让别人听到你的声音。随着时间的推移，你的话语会变得更适切。

✦ 友善地表达不同意 ✦

大声说出自己的观点，就意味着你不可避免地会与他人产生不同意见。你如何确保自己这样做的时候不显得挑衅或疏远对方？

当我刚踏入职场时，我紧张得难以开口。我的成长背景让我不能很自如地表达不同意见，因为我一直被教导要礼貌和尊重他人。我从来没有想过要表达自己的不同意见。在公共场合表达不同意见是不礼貌的，对吧？因此，当在工作中有不同想法时，我会保持沉默，尤其是当与我意见相左的人比我年长时。

当我的老板在安永会计师事务所鼓励我表达时，我最开始是不习惯的，直到我在可口可乐公司时才完全调整过来，那里的老板说："我希望人们与我辩论、质疑我，并且公开反对我，因为我相信这是打造最好的产品和业务的方式。"

这个概念对我来说太陌生了，但这就是他所要求的。我当然也想实现这一点，所以我必须主动、有意识地改变我的观点。我开始公开地与他辩论。事实上，我还是觉得这不太对，但随着时间的推移，我了解到，通过努力从对方的角度看待情况，我可以带着同理心表达相反的意见。

我发现，如果你考虑一下你正在与谁交谈以及他关心什么，那么就可以更容易地表达你的观点，而不会突兀地冒犯对方。这给了你最好的机会被听到，即使你在表达与其相反的观点。这种方法对我表达自己的观点有很大帮助。它还帮助我找到了友善和自信之间的平衡。以下是我的建议。

1. 依靠提问的力量

当我不同意某人的观点时，我的第一步就是提问，试图理解对方思维过程中的关键节点。当你更深入地了解与你意见相左的原因时，你可能会发现自己能够理解对方的立场。或者，对方可能会观察到自己的逻辑或决策过程存在缺陷。

就算你在听到他们的回答后仍然不同意，提出问题也是沟通的一个重要方面，尤其是当你不同意某人的时候。这表明你很善解人意，并且希望阐明对方的想法。提出问题也常常帮助我更加坚定自己的信念。以下是我在争论中常用的几个问题：

· "你能告诉我你是如何得出这个结论的吗？"

· "你是通过什么来源获得该数据的？"

· "是什么让你做出这样的假设？"

2. 获得外部视角

我推荐的一种方法是，与要沟通的人互相体谅。为了达成这一点，你可以找其他人谈谈。我记得我指导的一位名叫蕾拉的女士在一家创建活动管理软件的公司开始了一份新工作，担任营销总监。工作几周后，她发现她和担任销售总监的同事卡洛斯对于营销部门的职责以及销售团队的工作意见不一致。蕾拉知道她必须与卡洛斯就此事进行直接对话，否则她担心自己很容易被拿捏。但她也害怕这种谈话，不想在公司任职初期就惹恼别人。

我建议，在与卡洛斯交谈之前，蕾拉去找一两个与他密切合作的人，通过更多地了解公司的历史来更深入地探究卡洛斯的视角。这并不是要背着卡洛斯做什么，而是要更深入地了解整体背景，让蕾拉能够充分理解卡洛斯的出发点。

你可能想知道为什么我不建议她去问卡洛斯本人。好吧，首先，蕾拉已经知道卡洛斯的想法了。她不知道的是他这些想法背后的原因。有时，人们很难客观地看待自己的观点。通过和与卡洛斯密切合作的人交谈，蕾拉获得了关于他的思维过程的宝贵见解，这些见解既准确又客观。她还了解了事情的整个语境，这对准备如何应对至关重要。

带着你的枪走进一个新的环境，并开始做出改变是容易的。有时，你确实需要以新的眼光来看待可以改进的地方，但尊重公司的历史和文化也很重要。那些在公司工作时间比你长、对公司的成长投入了很多的人可能会对任何剧烈的变化感到真正地被冒犯。你可以用你真诚的友善来推动必要的改变，但首先需要了解公司过去是如何处理业务的，更重要的是了解背后的原因。

例如，我告诉蕾拉，请首席执行官介绍一下自公司成立以来这些部门是如何发展的，以了解为什么营销和销售部门是这样设立的。她了解到，卡洛斯刚加入公司时，公司规模很小，他负责销售和营销。当公司发展壮大并聘请了一名营销人员时，卡洛斯放弃了他最不喜欢的职责，并继续做其他的事情。

从蕾拉的角度来看，这样的部门切割方式不太有效率，但即使她的观察是正确的，她还是需要记着卡洛斯曾经从无到有一手创建了这两个部门，因此会很想继续保有过往的形式。我告诉蕾拉，她有权利站出来做些改变，但知道公司的历史可以帮助她用更为友善且富有同理心的方式执行，而不会令卡洛斯感到不悦。

3. 从他人的角度着手

终于到了进行关键对话的时候，我建议蕾拉先表达她已经花了时间从卡洛斯的角度来看待公司。她可以说："这是我对你过去如何创造这一切的理解。如果我错了，请纠正我。"这将有礼貌地向卡洛斯表明，她在分享自己的观点之前，已经顾及到了他的想法。

当他看到蕾拉对他的观点有同理心并且不会强行做出任

何重大改变时，卡洛斯就能放松一点。蕾拉继续道："我明白你最初为什么要这样设立这些部门了。我也很佩服你这么长时间以来独自处理所有这些事情。现在我加入了团队，我可以帮你分担一些责任。我们可以讨论一下，进行一些结构性改变吗？"蕾拉让卡洛斯放松下来，这使她处于一个很好的位置，可以真正听取他的意见，然后实施她认为对公司最有利的变革。

五种友善表达异议的方式

在我足够了解一个人的观点和来龙去脉以后，我会用这样的短语去表达不同意见：

· "我完全尊重你会有这种想法的理由，而且……"

· "这是一个很好的观点，而且……"（用"而且"而不是"但是"会显得温和很多）

· "让我们一起来探讨这件事。再告诉我关于这件事的一些情况吧……"

· "听上去我们都希望……"

· "我想和你分享的是……"（这比"让我告诉你……"听上去有合作精神多了）

✦ 回应不合时宜的言论 ✦

就像大部分女性一样，一路走来我也曾在职场上听过一些男士对我说出性别歧视或粗鲁无礼的评论。这些情况会比较难对付，因为当你毫无预警地遭受令你极度不舒服的言语攻击时，还要发自内心地表达自我是极具挑战性的。

当我三十岁出头的时候，有一天正跟公司的高层开会。我们聚在一间会议室内，为了明天的截止期限而熬夜加班。大家讨论的重点在于网站重新设计应包含哪些新功能，特别是首页的主图尺寸大小，接着讨论内容转移到要刊登哪些类型的照片才能引起最大的回响。

这时有位资深执行高层突然来了一句："不然就刊登弗兰那天穿着短裙的照片好了，相信会有很多人点赞。"整个房间顿时鸦雀无声，气氛十分尴尬。我僵了一秒后说："我们可以出去谈谈吗？"

我们来到走廊上，我正色跟他说道："如果你希望我拿出最好的表现，这绝对不是该有的做法。"从他脸上的表情我看出他很惊恐，确实他也立马跟我道歉。他解释说因为很晚了，而且明天就是截止期限了，他只是想试着让大家轻松一点。或许这当中有些实话，但这根本无关紧要。我告诉他，不管他的初衷是什么，说出那样的话就是让人完全无法接受。

他诚恳地道歉，而他接下来的举动真的让我感到很惊讶。当我们回到房间时，他向整个团队道歉。他说他是想缓和气氛，但他所说的话非常不得体，其实他非常尊重我和我所做的工作。

这对我来说是一个非常重要的时刻，因为我为房间里的其他女性树立了榜样。那时，我太累了，工作到太晚了，所以我没有考虑太多我的反应。而我当时凭直觉做出的回应实际上对我很有帮助。后来想想，如果我当着大家的面骂他，他的反应可能不会那么积极。我不需要那样做。当我要求在外面与他交谈时，每个人都立即知道我将为自己辩护。将我的回答与我的表现联系起来也很关键，因为它让我在谈论如此尴尬和个人的话题时保持客观。

像这样随意和不受欢迎的评论确实曾出现过，但我不得不说，我再也没有听到那位高管任何不恰当的评论了。如果有的话，我肯定会联系人力资源部报告此事。如果你遇到这样的情况，立即去找人力资源部并没有什么问题，但我发现在当场、私下而且以直接关系到我的表现的方式提出来是非常有效的。

我亲爱的朋友阿达奥拉·乌多吉（Adaola Udoji），是一位媒体高管、制片人和投资人，她与我分享了一个故事，那是她职业生涯早期的一段经历，当时她不得不为自己发声。当她去面试一位副首席法律顾问时，她还在法学院读书。阿达奥拉一进门，准备面试她的男人就看了她这位年轻的有色人种女子一眼，说道："你看起来一点也不像税务律师。"

阿达奥拉的心沉了下去。她真的很想要这份工作，并且做了很多准备。这看起来太不公平了。但她能做什么呢？她知道自己具备胜任这份工作的资格，但她该如何回应才能既传达出他的评论不合时宜，又不会激怒他呢？停顿了一会儿，她平静地说："我认为税务律师有各式各样的风格和肤色。"

接下来阿达奥拉试着全然地投入他们谈话的内容。面试她的男人很快就发现她了解自己的工作，尽管她没有得到这份工作，但她最终对他们的谈话感觉良好。阿达奥拉告诉我，这段经历很痛苦，她受伤了，但这不是终点。事实上，这让她感到充满希望，希望下次有色人种女性走进房间时，他不会做出同样的假设。阿达奥拉的做法以及她为其他女性提供更多机会的愿望让我深受启发。我希望，如果类似的事情发生在你身上，你能鼓起勇气做出回应，并鼓励公司的其他女性也这样做。

✦ "好女孩"与霸凌者 ✦

我第一次在工作中直接面对霸凌者是在我三十岁出头的时候，当时是美国在线收购电影地带后不久。我们的总部设在纽约市，我的老板要求我与西海岸的瑞安合作开展一个项目。没过多久我就发现瑞安是个毒瘤。他很刻薄，会对人大喊大叫。他经常在会议上打断我，疯狂地进行事无巨细的管理。更糟糕的是，他完全没有效率。他经常夸下海口，比如他能够与一位一线演员联系，让他参考我们正在进行的项目，但他从未兑现这一诺言。

我与瑞安合作的策略是专注于完成工作。虽然与同事的关系对我来说一直很重要，但我知道在个人层面上与瑞安接触不会有成效。所以我尽最大努力忠于自己，尽量友善，同时与他保持距离并消除他带来的消极情绪。

不幸的是，这种方法没能持续很长时间。压垮我的最后一根稻草还是出现了。他在周日给我家里打电话，对我大喊大叫，说这位一线演员没能加入（尽管项目的这一部分是他唯一负责的事情）。在大约十分钟的时间里，他不让我插话，不断地咆哮着我有多失败。

最后，他停下来喘口气，我抓住了回应的机会。我非常直接地告诉他："瑞安，我很困惑。我认为你有责任确保这位演员能够参加节目。但无论如何，如果没有他，项目也能进行下去。我们现在讨论它是在浪费精力，因为已经太晚了；我们的节目两天后就要开播了。"他又开始大喊大叫，我说："你这样对我说话，我不会听的。"我挂了电话，在那一刻决定不再和他一起工作。

　　第二天早上，我去找老板解释了情况。我确保只汇报了发生的事实——不仅是前一天，而且包括之前的情况——而不是基于情绪进行对话。最后，我说："我已经尽力了，我不能再和瑞安一起工作了。我认为最好让他退出该项目。他不仅是一个恶霸，而且是一个无能的人。"

　　我的老板试图说服我再给他一次机会。"我不能那样做，"我说，"他的行为是霸凌。我不会容忍这种行为，我也不希望我的团队接触这些事情。"我的表达非常平静而坚定，我很高兴在前一天的谈话后我花了一些时间冷静下来。我的老板最终同意了，瑞安从该项目中被踢出去了。

　　从那以后的几年里，我对与瑞安共事的这段经历进行了很多思考，我也发现工作中的霸凌行为有多种不同的形式——不仅仅是大喊大叫或谩骂，还可能是在背后议论别人、破坏他们的工作，或散布负面谣言。这些都是极难应对的，对于"好女孩"来说甚至更具挑战性，因为她们非常重视与同事相处，并且通常很可能将霸凌者的行为视为针对她们个人。

　　多年来，我学会了认识到别人的恶劣行为与我无关，然后通过承认我无力改变它来区分自己与它的关系。我能做的就是用心去做自己的事情。当我遇到这样的情况时，我发现选择以下三种行动方案中的一种或多种是有用的。

1. 设定情感界限

如果你承认这个人是一个霸凌者，并且决心不让他打扰你，那么无论如何，都要努力去做到。但如果你这样做，请确保有人支持你，并通过设定情感界限来保护你自己。不要陷入闹剧，也不要让自己卷入他人的恶劣行为中。在这种环境中保持真实的自己需要很大的信心和自我认知。通常，我们这些"好女孩"都会持有一丝怀疑，认为冲突在某种程度上是我们的错。当霸凌者发现这种怀疑时，他很可能会利用它。

如果你发现自己属于这种情况，请在工作中寻找盟友，他们可以提醒你这种行为与你无关。然后，当你看到它发生时，只需承认它——"哦，它又发生了"——并提醒自己，有问题的是别人，而不是你。这是一种简单但有效的方法，可以将自己的错与他人的恶意区分开。

我的朋友杰克在工作中曾经遇到过这样的情况。尽管杰克为维持与某位客户的关系付出了很多努力，但他的这位客户却始终对他进行侮辱和辱骂。杰克一直为自己总是能与客户建立牢固的关系而感到自豪，所以这次他在某种程度上忍不住责怪自己。但当他最终找到客户的老板并解释"我似乎无法让这种关系继续下去，恐怕我不适合与他合作"时，那位老板回答说："另外五个人也提出了同样的问题。这不是你的错。"

记住这个事实非常重要，尤其是如果你是一个以与每个人相处融洽而自豪的"好女孩"：这不是你的错。

2. 大声说出来

这就是我对瑞安所做的事情。如果你在公司中信誉良好并拥有你的支持者，那么这是一个不错的选择。和恶霸摊牌需要很大的勇气，但通常是值得的。你不仅很有可能迫使这个人改变其行为，而且还朝着创造一个更友善、更健康的工作环境迈出了一步。

值得注意的是，当瑞安第一次对我说侮辱性的话时，我并没有举报他的行为。好人也会犯错误，但这并不意味着他们就是霸凌者。如果有人发表了不恰当的评论（例如那位高管评论我穿短裙的照片），我建议直接解决该问题，然后翻过这一项。但如果这种行为是持续的，那么就有不要质疑它是否构成霸凌了。

一个不像你想象那么友善的人和一个实际上会去霸凌别人的人往往只有一线之隔。有些人对在职场中发展同事关系不感兴趣，并且他们喜欢完全专注于完成工作，所以他们表现得苛刻、冷漠，而不是热情和温暖。这并不理想，但还不是霸凌。对我来说，霸凌者的定义是不断进行人身攻击或发表侮辱性、贬低性、冒犯性或关于性方向的不当言论的人。

如果你确实被欺负了，尽可能多地收集证据（电子邮件等），然后去找人力资源部的同事或者对方的老板（前提是你们关系不错）冷静地解释情况。为了确保这是一次专业的对话而不是打小报告，请把重点放在事实以及此人的行为如何影响你的工作上，而不是它给你带来的感受。我还建议以与讨论任何困难的事情相同的方式开始这次对话——直接说"这将是一次困难的对话"，或者"这是我一直很头疼的问题"。

3. 继续前行

不幸的事实是，有很多霸凌者在工作环境中地位稳固。有时甚至你的老板就是一个霸凌者。如果你去了人力资源部门投诉，但情况没有改善，或者你觉得霸凌者受到了很好的保护，并且在公司内部拥有很大的政治权力，那么你最好开始寻找另一份工作。最终，你需要根据你与这个人的接触程度以及他对你和你的工作的影响程度来权衡利弊。

这是你应该专注发展人际网络的原因之一（参见第七章），这样你就不会在发现自己陷入困境时无处可去。当你将创建人际关系网作为优先事项时，你就建立了一个大型安全网，里面有很多可以帮助你在更健康的环境中找到职位的人。在你需要使用它之前先创建好这个网络！

以下是我在应对霸凌者时会用到的几个话术：

· "请不要那样跟我说话。"

· "咱们试着让这次谈话变得富有成效吧。"

· "咱们先休息一下，稍后再接着谈这个事儿吧。"

✦ 女性传递：改善你的非语言沟通 ✦

向他人传达我们的优势或劣势的不仅仅是我们所说的内容，还有我们说话的方式。艾伯特·梅赫拉比安是加州大学洛杉矶分校的心理学教授，也是沟通研究领域的先驱。他认为，你的可信度有 58% 取决于你的整体肢体语言，35% 取决于你的语气，只有 7% 取决于你实际所说的内容。这非常令人震惊，不是吗？当我了解到这一点后，它就像我脑中的一个警钟，让我开始不仅关注我的交流内容，而且关注我说话的方式以及说话时使用的肢体语言。

这需要诚实地审视自己并决定可以改进的地方。你是否弯腰驼背、避免目光接触或说话太轻声细语？许多人都会在说话时有肢体语言和语气上的问题，这让我们回到了"伪装"这个老问题。许多女性从少女时期起就无意识地训练自己不要在人群中太过突出。这涉及我们如何说话、站立、坐下，甚至我们占据了多少空间。

最近，媒体上有很多关于这样一个事实的描述：无论体型大小，男性比女性占据了更多的物理空间。男性在不知不觉中这样做，在他们进入的每个房间中声称拥有权力并占据主导地位，而女性则倾向于减少自己的存在感，这通常是因为我们在童年早期收到的信息是要缩小自己，以便为他人腾出空间。

不幸的是，社会在女孩和年轻女性身上强化了这一点。"直到今天，"女权主义作家索拉亚·L. 切马利（Soraya L. Chemaly）在重启（Role Reboot）网站上写道，"当我坐在椅子上、公共汽车上、火车上、桌子旁时，我听到我的小学校长解释说，女士们切勿将脚搭在膝盖上。坐在公园长椅背面的上沿，双臂向两侧伸展，这种做法对我来说是可笑的，这对我的身体而言是如此陌生。通常，在公共场所，我会习惯性地把自己折叠起来，为其他人腾出空间。（不知不觉中，在我们的幼儿教育中）我们对我们的女孩子说，放空自己，表现出脆弱……尽可能小，我们会更爱你。我们对我们的男孩子们说，占用更多的空间，超过对你有利或你需要的空间，尽可能大。"

斯坦福大学商学院进行了一些有趣的新研究，展示了女性领导者如何利用肢体语言在工作中给人留下强大的印象，同时又不会显得过于强势或咄咄逼人。由于非语言行为主要是在潜意识层面上发挥作用，因此人们认为在工作中使用强有力的肢体语言的女性不会像以强有力的方式说话的女性那样苛刻。

我的朋友简·汉森（Jane Hanson）担任了多年的新闻主播，也是一位沟通专家，她将此称为"女性传递"。她知道，当女性占据更多空间时，女性就会被视为天生的领导者，因此她鼓励女性站直，不要交叉双腿，并将手臂搭在同事的椅背上。

不要犹豫，在工作中占用更多的物理空间。如果你表现出自信，人们就会将你视为天生的领导者。如果你习惯于伪装自己的肢体语言，这对你来说可能会感觉完全陌生，但只要稍加练习，它就会开始变得更加自然。

不久前，我参加了一次董事会会议，其中一位董事会成员（一个天生声音很大的人）非常健谈，有很多意见。我的声音没那么大，唯一能插上话的方法就是大喊大叫，但我不会这样做。所以我决定站起来，走到椅子后面再说话。这方法魔法般生效了。他不再说话，开始专心听我说的话。当简告诉我"女性传递"时，我意识到这正是我一直在做的事情，而且它确实有效。

"好女孩"被打断

如果你是女性，你很可能很熟悉在工作中讲话时被打断的感觉。这可能会令人愤怒和士气低落，这样的经历我也有无数次。《纽约时报》2017年的一篇文章中写道："当女性人数少于男性时，被打断、被盖过、被制止或因发言而受到惩罚几乎是女性的普遍经历。"

我相信这对你来说不是什么新闻，问题是你能对此做什么。我发现，专注于非语言交流有助于减少我在工作中被打断的频率。当我坐直甚至站起来让自己占据更多的空间，与正在交谈的人进行眼神交流，倾身向前，并保持高度专注时，我发现自己被打断的可能性降低了。但是，当然，被打断这种情况仍然时不时地发生在我身上。当它发生时，我会友善而坚定地说："不好意思，我还没说完。"

不要让自己被打断。占据空间，让周围的人不得不尊重你的存在。如果你仍然被打断，请提前排练好你的台词，以便做必要的回击。

要　点

· 在会议中保持沉默可能会妨碍你的工作。给自己定一个目标，在每次参加会议时都要表达想法或意见。

· 留意削弱表达的句式。重读你发送的电子邮件，确保你不会无缘无故地说"抱歉"，否则会削弱你的沟通力度。

· 当你与同事意见不同时，请利用你自然的同理心，尝试从他们的角度看待问题，然后再直接、清晰地表达你的意见。

· 请记住，非语言交流极其重要。注意你的姿势、目光接触以及你占用的物理空间。

· 留意会议中那些安静坐着的女性，鼓励她们大胆发言。

第四章

直接且友善地
给予反馈

我在二十七岁的时候，当上了可口可乐公司的财务总监，这也是我担任的第一个真正的管理岗位。作为一名新经理，有些方面我很胜任，有些方面我还不够自如。比如我很胜任团队导师和教练的角色。我确保我的团队成员知道他们在遇到挑战时可以来找我，而我会充当参谋和支持者的角色。

正因为如此，我的团队成员了解到我真正关心他们和他们的职业发展。知道他们对自己的岗位很满意，这也让我作为老板感觉良好。一切都是阳光和雨露，直到我第一次不得不承担另一项新的管理职责——提供负面反馈。

这对我来说是一个巨大的转变，我因为不同的原因纠结于怎样提供负面反馈。首先，也是最重要的，作为非常重视善意的人，我能对我的团队成员共情。我知道听到批评是难受的，我无法忍受自己给他们带来这样的感受。其次，我不擅长用消极的口吻。我太擅长当好人，表现强势对我来说很别扭，就像角色扮演一样。

同时，我知道我不能一直当好人，否则我也会任人拿捏。坦率地说，我也很困惑，并担心如果我向团队提供直接反馈，会显得过于严厉或刻薄。

随着这些相互矛盾的因素堆积起来，我做了任何"好女孩"都会做的事情——完全回避给负面反馈！正如你在第二章中读到的，当我的团队成员表现不好时，我会自己熬夜重做幻灯片，这样的故事就是一个例子。我无法以清晰直接的方式向他们提供反馈，而我们都知道，结果非常糟糕。

但很快，我不得不想办法了。在工作中，我团队中的财务分析师基拉是一个薄弱的环节。她在财务报告方面非常高效——我可以依靠她提供准确的数据表格和图片来传达公司的财务状况。这部分很棒。然而，她存在两个问题：首先，基拉从来没有按时提交报告；其次，解释财务结果的随附文字通常写得很糟糕，充满语法错误，并且未能按照我需要的方式清楚地传达财务状况。

几个月来，我一直避免给基拉直接反馈。相反，我重写了她的所有报告，当基拉不可避免地在最后一刻将文件发送给我时，我通宵达旦地把整理后的报告按时交给我的老板。然而，我知道这种方法是不可持续的。如果我依然什么也不说，下一个季度还会如此，之后的一个季度、再下一个季度也会如此。更糟糕的是，如果我的团队知道他们可以提交马虎的工作报告，而我会帮忙重做，那么我就损害了自己作为他们老板的威信。我不能让这种事发生。我需要给基拉真实的、建设性的反馈，但我不知道如何以一种真诚友善的方式做到这一点。

我去找我的老板，解释了我的困境。他告诉我，我帮基拉收拾烂摊子而不是直接告诉她报告不合格，这实际上是在伤害她。他敦促我正面解决这个问题。他还表示，也许基拉一直迟交报告的原因是她卡在了文字的撰写上。他建议我先跟基拉谈谈错过截止日期的问题，看看是不是这个原因。

受到这个建议的鼓舞，我回想起自己在职业生涯中从老板那里得到的反馈，以及他们不同的反馈方式给我带来的非常感受。有两次不同的经历让我印象深刻，这些经历都发生在我在安永会计师事务所工作时期。一次，一位领导在我的绩效评估期间提出负面反馈，其方式确实令人震惊且难以应付。然而，她很好地、清楚地传达了我需要改变的内容并指出了具体的例子。会议结束后，我感到有点泄气，但我清楚地知道自己需要做些什么来改进。

然而，另一位团队负责人在对我做绩效评估时告诉我她有多么重视我。她问了我一些问题，并没有急于完成会议。这次谈话更像是一场闲散对话。然而，我离开时感觉她并没有真正指出我有哪些领域需要改进。谈话相对更愉快，但没有那么有建设性。

当我想到这一点时，我突然意识到我可以将这两种方法结合起来——第一位团队领导的直接和第二位团队领导的友善。如果我给基拉的反馈是友善而直接的，我会觉得很自然。我希望帮助基拉提升她的表现，同时又不会打击她。我需要以一种同情和支持的方式向她提供反馈，将其作为有用的建议而不是严厉的批评来呈现。这种新的心态使我能够提供反馈，同时我还能用上我内在的同理心和同情心。

建立了信心以后，这番此前令我畏惧的对话变得容易多了。我从积极的方面入手，开启了我们的谈话，那就是她在数据方面做得很好。我很轻松就能够称赞她，因为这是事实。然后我继续处理截止期限的问题。我告诉她，我想为她提供帮助，我想了解是什么导致了她这样的行为，但我也想让她知道，她逾期提交的行为给团队带来了负担。

令人惊讶的是，当我提起这件事时，基拉似乎松了口气。我善意的反馈让她有机会承认她不喜欢报告的写作部分。她告诉我，虽然她总是提前准备好数据，但她总是纠结于数据解读。我们讨论了她的写作是否是她想要改进的地方，或者她是否想过渡到仅定量的角色，在那里她可以为公司和自己创造最大的价值。

这次谈话最终让基拉和我都松了口气。它完全改变了我对提供负面反馈的想法。我现在将反馈视为给他人的一份善意的礼物。同时也是给我自己的一份礼物。如果当时我没有和基拉交谈，我可能会花几个月的时间重新做她的工作，而她完全不知情。这样的谈话对我们而言是双赢。最重要的是，通过了解到即使是负面反馈也可以用真正的同理心来对待，我能够更真诚地给予我的团队反馈，并且可以处理得高效。

她的校园媒体品牌（Her Campus Media）的联合创始人斯蒂芬妮·卡普兰·刘易斯（Stephanie Kaplan Lewis）最近与我分享了一个她以善意的方式提供负面反馈的故事。当时她必须对一位她非常喜欢、关系很亲近但表现不佳的员工进行非常严格的绩效评估。斯蒂芬妮确保自己应用了具体的事例，所以她的批评没有显得过分个性化和不够有依据。她也努力去肯定这位员工的成绩和强项。所以虽然评估结果是难以接受的，她自始至终传达给对方的是：她相信对方可以改进，并有意与她合作，以确保她下一次的评估和这次不同。

该员工的反应非常积极，并展示了愿意改进的动力。仅四个月后，她就取得了巨大的进步，并有望获得晋升。她并未在收到负面评价后退缩。每当我需要提供具体的建设性反馈时，这样的故事就会激励我继续努力平衡自己的善意和坦率。

✦ 反馈时的大脑 ✦

如果你还没有担任管理职务，或者甚至无法想象自己将来会担任管理职务，那么考虑如何沟通给出反馈意见仍然很重要。这也体现了许多女性在工作中都面临着这一挑战。正如你可以想象的那样，我并不是唯一挣扎于如何提供建设性反馈的女性。然而，这是我们的必经之路。正如一个女孩饼干品牌（One Girl Cookies）的创始人当·卡塞乐（Dawn Casale）所说："如果我必须进行一场艰难的对话而我却避而远之，我等于在告诉对方'你可以随意利用我'。"

以下是我所调查的女性对负面反馈问题的一些回应：

·"当我只是想帮助我的团队表现得更好时，我经常发现自己在编辑自己想说的话，以确保我不会给人留下刻薄或挑剔的印象。令我困扰的是，男性老板似乎不必担心这一点。"

·"如果我不给出强势的反馈，我担心自己会被视为容易屈服的人，所以我总是像我的男性老板一样，不带任何情感、毫无粉饰地传达消息。"

·"我不是管理者，但我很难向与我合作的同事提供反馈。我就是不知道该怎么做。"

　　他们的评论引起了我的思考。为什么与我共事过的许多女性老板似乎比与她们同级的男性更难以提供反馈？当然，女性担心如果她们不去美化这些信息，就会被认为过于严厉或恶毒，这是可以理解的。但研究指出了另一个因素，即男性和女性大脑的运作方式。

　　一个新兴的研究领域正在研究男性大脑和女性大脑的连接方式之间的差异。宾夕法尼亚大学2016年的一项研究观察了2 000名健康人的大脑连接情况。他们发现，女性大脑的海马体（大脑中负责形成记忆的部分）和左尾状核（大脑中控制社会认知的部分）通常有更多的灰质。研究得出的结论是，这种灰质分配是女性能够更善于凭直觉感知他人感受并知道如何应对的原因。

　　这一研究领域存在争议，因为人们担心此类研究可能会被用来维持刻板印象。应该强调的是，并非所有女性都具有典型的"女性大脑"，也并非所有男性都具有典型的"男性大脑"。但我认为这项研究确实可以帮助我们充分利用我们的固有能力。当我读到这项研究时，它帮助我理解了为什么我很难面对基拉。我凭直觉知道负面反馈会给她带去的感受。然而，当我改变了想法，不再提供可能给她带来痛苦的批评式反馈，而将反馈转变成一种支持形式时，我天生的同理心变成了一种资产，因为我了解如何减轻她的痛苦。正如我通过与基拉的谈话所感受到的，当你善意地以同理心提供反馈时，这些谈话将让每个参与者变得更愉快。此外，科学也证明了这种方法更有效。正如你将在下面这段简短（但很有趣！）的描述中看到的，这部分和人类大脑的工作方式有关。和所有动物一样，人类的大脑也有一个叫作杏仁核的部分，它就像一条睁着一只眼睛睡觉的看门狗，随时警惕着任何可能的威胁。如果你的杏仁核感受到威胁，它就会启动你身体的战斗或逃跑反应，从而引发一系列的激素反应，导致你变得愤怒（战斗）、想要逃离（逃跑）或呆住不动（冻结），就像汽车前灯里定格的鹿一样。

当我们面临威胁时，例如过马路时被汽车撞到的威胁，杏仁核旨在保护我们。当你看到一辆汽车向你驶来时，你的杏仁核就会接管大脑，切断你更具分析能力的前额叶皮质的通路。这会促使你本能地、不假思索地奔跑。这是好事。毕竟，面对迫在眉睫的危险，你可不想站在那里思考"我应该跑还是不跑？让我花一点时间来权衡利弊……"

不幸的是，杏仁核不太擅长区分真实的威胁和感知到的威胁。我们的战斗或逃跑反应可以在各种不危及生命的情况下被触发。这就是为什么我们经常发现自己处于这样的境地：我们做出了事后后悔的评论（战斗），避免解决某个情况（逃跑），或者突然精神脱离，这有时意味着我们实际上无法回忆起曾经发生过的事情（冻结）。

根据神经领导力研究所（Neuroleadership Institute）创始

人大卫·洛克（David Rock）的说法，有五种类型的社会威胁可以触发这种反应，这些社会威胁经常在工作中出现：

- 地位：对你在团体中的声誉构成威胁
- 确定性：威胁到你认为可以依靠的东西的能力
- 自主性：威胁到你以自己的方式处理事务
- 相关性：威胁到你认为是朋友而不是敌人的感觉
- 公平：对你的公平竞争意识构成威胁

　　根据洛克的说法，绩效评估通常会引发一种或多种类别的威胁，导致一些没能收到积极反馈的人变得生气，感到沮丧，或者无法接受你对他们说的任何话。但是，当你利用自己的同理心来提供建设性的反馈时，你可以避免在对方身上触发这种威胁反应。这增加了这个人接受你的想法的能力，保护了你与他的关系，并有助于在不破坏他信心的情况下提高他的表现。

✦ 如何提供善解人意的反馈 ✦

　　在我与基拉谈话后的几年里，我已经给出了数百次建设性的反馈。一路走来，我越来越了解如何利用我的同理心和善良来使这些对话尽可能愉快和有效。

你可以按照以下步骤执行此操作。如果你还没有担任管理者角色，请记住，你可以使用这些步骤来传递任何类型的令人失望或沮丧的消息。

1. 积极的框架

如何表达至关重要。请记住，提供反馈不是问题——这是管理流程的正常部分。因此，不要通过说"这是我在你的表现中看到的一些问题"，又或是说"以下是我发现对你来说具有挑战性的几个方面"这样给予消极的反馈。相反，要明确表示你对这个人并不失望。你是他最大的支持者，你只是想帮助他取得更大的成功。你可以这样说："我有一些建议可能对你有帮助"，或者"我有一些建设性的反馈意见给你"。

为了减少对他人地位的威胁，我总是把问题放在积极的背景中，首先关注我的团队成员做得对的地方。这种方法通常被称为"三明治表扬法"，非常有效。我不会暗示"所有事情都是错的"，而是从"很多事情都做得很好，但也有一些需要改进的地方"的角度出发。因此，我在与基拉谈话时，首先谈到了她在整理财务数据方面的出色表现。这个积极的开端让她很放松，这样我们接下来的谈话才能真正具有建设性。

　　我经常通过让对方说出问题来表达问题，比如："你想专注于改进哪些领域？"在许多情况下，他们已经知道自己不足的地方。当他们先说出来时，它就变成了我们需要共同努力的事情，而不是我直接批评他们的点。

　　这种做法使我能够进入我是他们的导师和支持来源的自然状态，并将威胁感降到最低。我直截了当地告诉他们："我想看到你们成功，我在这里支持你们。"对于任何真正善良的领导者来说，这都是一个强大而富有激励性的姿态。

2. 对事不对人

　　我总是确保将人与事分开对待。换句话说，我可以对一个人的行为或表现产生负面情绪，但我仍然需要对这个人表示出同理心和支持。这反过来又促使这个人从更有成效、更少防御或内疚的角度来看待问题。

　　为了进入这种客观心态，我专注于事实和我希望在未来看到的行为，而不是做出任何情绪化的陈述或为过去发生的事情责怪对方。我也会仔细地提出我的问题。比起问基拉"你认为你可以采取哪些不同的做法"，我会倾向于问："你认为可以针对哪些方面采取不同的做法？"

　　伸展台租衣网站（Rent the Runway）的联合创始人珍妮·弗莱斯（Jenny Fleiss）表示："提出问题来开始批判性反馈对话，并让员工有机会分享其对自己前期表现的看法，通常会促使他们解决某个问题或完成某个主题，且最终获得更好、更有效的结果。"我完全同意，这种微妙的变化将谈话从你们都不想参与的人身攻击转变为更有意义的对话。

3. 提供尽可能多的背景信息

比起简单要求员工重做他们的工作，我总是确保准确解释我要求他做某事的原因。这是我从时代公司的一位老板那里学到的策略。他非常擅长先向我提供全局信息，然后再告诉我如何更有效地改善局面。让员工了解你的反馈背后的"原因"非常重要。这是老板以友善而有效的方式保持团队积极性，同时努力达到高标准的一种方法。

例如，我记得曾与莉兹·怀特一起准备一份战略评估报告的事。当我在时代公司时，她是我团队的重要成员。当莉兹向我发送她的幻灯片草稿时，财务部分的格式有点不对劲。我想让她解决这个问题，但我知道这可能会让她觉得我非常挑剔和烦人。

因此，我没有向她抱怨，而是向她提供了更深远的背景信息。"如果你的财务报表格式不一致或看起来很草率，可能会让人们对你提供的数字缺乏信心，"我告诉她，"最好不要给他们任何质疑这些数字的理由。"一旦确切地理解了为什么这如此重要，莉兹就很乐意解决格式问题，这对她来说也越来越自然。

4.面对面谈

我们都很忙，以至于很容易通过一通电话，甚至只是一封电子邮件来快速提供反馈。但我一次次地看到，面对面来进行这些对话非常重要。这可以追溯到我们大脑的工作方式。我们有一种特殊的脑细胞，名为镜像神经元，只有当我们在另一个人面前时，它们才会被激活。当你和另一个人在一起时，你会观察他的行为，你的镜像神经元就会被激活，镜像出他的行为，让你感觉好像你也在以同样的方式行事。这个过程使我们能够以一种通过电话或电子邮件根本不可能达成的效果了解与我们交谈的人的情感意图。

我自己就不止一次犯过这个错误。我的一位名叫苏珊的团队成员曾经通过电子邮件向我发送了一份新闻稿，其中存在很多问题。我知道我应该等一下，当面和她谈谈这件事，但我很忙，我想快点结束这件事，所以我拿起电话就打过去了。尽管我遵循了上述所有其他建议，但谈话进展并不顺利。苏珊在电话中感受不到我的同理心或同情心，她变得很不安。但最糟糕的是，我当时甚至没有注意到这一点，因为我也无法读到她的肢体语言！直到那天下午晚些时候，我在一次小组会议上看到苏珊的脸，我才意识到她到底有多难过。

我们都忙得不可开交，很难找到时间面对面坐下来。但在苏珊的这件事情之后，我回想起与我共事过的那些最好的领导者，我发现他们所有人都以某种方式设法做到了这一点。我在时代公司的一位老板经常突然来到我的办公室，问我是否有空闲时间，并提出一些宝贵的建议。

我与苏珊的经历告诉我，直接会面是提供同理心反馈的最重要的方式之一，也是永远无法走捷径的。这是确保对方感受到你的真诚和善良的唯一方法。另外，它也让对方有机会可以镜像反映这种真诚。这就是友善真正让人感觉像一种超能力的地方——仅仅通过与他人的面对面互动，就能给他人带来真正的积极变化。因此，通过对人真诚和真实反馈，你就能自然而然地鼓励他们做出同样的行为，即使是在最具挑战性的对话中。如果你远程工作，那么通过视频会议进行这些对话，都比通过电话甚至更糟糕的电子邮件提供反馈更好。

5. 要具体，但不要太细

对于一些女上司来说，一个巨大的挑战是适当地授权他人并提供具体明确的反馈，而不被视为事无巨细。这里还存在另一个双重标准。作家兼社会学家加勒格尔（BJ Gallagher）观察到，有些存在于男性领导者身上能被接受甚至受欢迎的特质，如果出现在女性领导者身上往往就会遭遇反感。例如，男性老板若是注重细节会被认为仔细周到，而女性老板如果这样做，就会被认为是吹毛求疵。结果，女老板常会被有失公允地评价为事无巨细。

我见过一些女性领导者为了避免留下这种刻板印象而在另一个方向上走得太远。她们不会深入细节，因为不想被指责事无巨细，就给出过于模糊的反馈。多年来，我找到了一种平衡，就是在提供具体反馈的同时关注大局。我的意思是，指出对方未达到目标的一两个特定区域，但又不会太纠结于小事。

6. 召集专家

有时，某些反馈可能非常棘手或微妙，所以让人们从公正的第三方那里听到可能会更好。这与回避问题不同。我实际上将其视为一种善意。毕竟如果有些反馈来自与你没有直接关系且不必每天在办公室碰面的人，你会更容易接受。

我有过一次这样的经历，我团队中的一位女性不得不承受被人指责为"不知怎么惹到她的苦瓜脸"。看，这个评价本身就是性别歧视。我经常和那些脸上带着愤怒或冷漠表情的男性坐在一起开会，而大家都认为他们正在思考一些深刻而精彩的事情。但当一位女性的表情几乎与他们的一模一样时，她就会被认为是令人不愉快和生厌的。

不幸的是，在这种情况下，有几个其他部门的人来找我，抱怨她的面部表情让整个房间变得死气沉沉。我左右为难。一方面，我不想强迫她改变一些发生在男人身上就永远不必担心的事情。我该怎么办——告诉她应该多微笑？这是令人发指的性别歧视。但另一方面，我不得不面对这样的事实：这已经对她的工作表现产生了负面影响，因为人们不希望与她共处。

最终，我决定聘请一位媒体指导，让他为整个团队提供一些关于如何在会议和采访中很好地展示自己的技巧，并且我提前与教练讨论了我收到的有关该特定团队成员的反馈。在这种情况下，我认为无论我多么友善或富有同理心，由我来提供这个反馈都会太痛苦（而且不公平）。让她从被视为该领域专家的中立第三方接收到信息，至少侮辱性更低。

不，我不认为女性应该在会议上担心我们的面部表情，女性应该专注于尽可能发挥创造力和提高效率。但在这种微妙的处境中，我必须找到尽可能委婉的方式，让我的团队成员知道她在工作中的表现方式正在受到评判——无论多么不公平。

果断地传达坏消息的五种好方法

1. 肢体语言很重要。无论多么困难，在整个谈话过程中都要坐直并保持眼神接触。

2. 确保你的面部表情与谈话内容相符。不要脸上挂着大大的、虚伪的微笑来解雇某人。

3. 以"我"开始你的句子。

> 4. 记得说话后停顿，并在谈话间隙保持沉默，以便给对方时间回应。
>
> 5. 在进入主题之前，先明确你想要沟通的内容以及如何传达这些内容。你甚至可以尝试在镜子前练习或写下来。

✦ 平衡正面反馈和负面反馈 ✦

显然，对我来说，给予我的团队积极的反馈和赞扬总是比分享建设性的反馈更自然。这样，我能够真正利用我的社交技能来与我的团队建立联系。但我必须小心，不能因为给出过多的赞美而使反馈变得毫无意义，从而给人感觉只是在奉承别人。

当一位真正友善的领导者不断地告诉她的员工他们有多么出色时，她可能会被他们视为可以踩在脚下的人。在我的整个职业生涯中，我一直依靠以下技巧来在积极支持与保持高期望之间取得平衡：

· 十比一策略：我的姐姐约瑟芬·迪波利托（Josephine D'Ippolito）几年前告诉我，她的老板（纺织品设计师）卡罗琳·雷（Carolyn Ray）说，当你管理人员时，"你必须为每个人提供十个'好棒'来换一个'噢，该死'"。这并不意味着你每次给予一个批评就真的要给予十个赞扬；相反，这个策略的实质是，当你确保积极的信息多于消极的信息时，员工就会备受激励。我惊讶地发现其实有研究证明过这个观点。《哈佛商业评论》的一项研究表明，表现最好的团队得到的赞扬与批评的比例是6：1。

· 具体：不要对你的团队进行笼统的赞扬，而要具体告诉他们你对他们工作的欣赏之处。例如："我真的很喜欢你的思考方式"，或者"我真的很喜欢你在把这个想法带给我之前对其进行了压力测试"，或者"我很欣赏你从行业思想领袖那里获得了想法"。将他们的行为与你想要的结果相关联。这不仅是善意的，也是一种激励你的团队做出出色工作的积极、专注的方式！

· 有所保留：注意不要给予过多的表扬，从而削弱表扬的影响力。我尝试将赞美保留在大型项目或计划结束时，而不是每天都说出来。这就是我在友善而又不被视为太好或虚伪之间取得平衡的策略之一。在一项计划结束时，即使结果并不完全是我想要的，我也一定要赞扬我的团队的努力，并承认他们已尽一切努力来获得积极的结果。

· 尽早出击：当我的团队中有新成员时，我喜欢帮助他们尽早获胜以增强他们的信心。我也鼓励我的团队成员互相帮助。这可能是非常简单明了的事情。例如，当我的一位助理开始在时代公司工作时，我意识到我们没有团队名录。我让她把每个人的名字、照片和联系方式放在一起。这是一项简单的任务，但一旦完成，该名录就非常有用。在下一次全体会议上，我与团队分享了该名录并说："这个名录是凯蒂做的，它真的很有帮助。"每个人都鼓掌了，凯蒂则微笑着。我认为这一刻给了她信心，让她能够顺利地开始她的新工作。而且，这种积极的行动是一个低估仁慈的老板绝不会想到去做的。当有人试图告诉我，在工作中友善待人是一种负担而不是一种资产时，我总是会想到这一点！

✦ 反馈的接受端 ✦

当我在时代公司工作时，我的团队想要为一个品牌创建一款新的苹果手机应用程序，我们需要一笔财务投资才能实现这一目标。我的团队投入了大量的时间和精力设计了一个简短的演示文稿，然后我们将其提交给首席财务官和首席执行官，申请资金来创建该应用程序。但这项申请被否决了。在开完推介会后，我和一位同事走出房间，谈论刚刚发生的事情。我感到挫败和泄气。"我们应该提供更多的比较资料。"我说。但我的同事并没有气馁。"我打赌我们可以调整一些东西，然后重新和他们推介。"他说。

我突然意识到我太敏感了，对自己太严厉了。我非常在意第一次就把事情做好，所以当事情进展不顺利时，我就会感到很糟糕。在我本来可以继续下一场胜利时，我却在打击自己。听上去是不是很熟悉？这种对工作的强烈情感投入是件好事，但它可能会让我们很难接受负面反馈。

我在时代公司的另一次经历印证了这一点。那时，我的老板希望我为我们的一个品牌制定一份战略计划，她给了我几个月的时间来完成它。我以为我知道她想要什么，就不想再就细节打扰她，所以我从来没有与她核对过以确保我在正确的方向上前进。相反，我自己写了一份四十页的幻灯片。演示当天，她在整个团队面前第一次看到它，并说："这根本不是我想要的。你完全没抓到重点。"我很伤心。我离开房间，关上门，走进洗手间大哭。我的一个朋友在那里找到我并说："我理解你为什么难过，但说实话，你必须把脸皮练得更厚。这与个人感情无关，这纯粹是工作。"

对我来说，仅仅听到这些话就已经改变了一切。我能够从这个错误中吸取教训（我当然应该在做的过程中就与我的老板核对框架！）。但更重要的是，就像我向团队提供反馈一样，我学会了将人与事分开。事实是我把这件事搞砸了——但这并不意味着我整个人不行。这是一个至关重要的区别。

在前文中，我建议采取主动并简化电子表格和演示文稿给你的老板，然后再向他展示，但这一次我的错误是过于主动。不同之处在于，这不仅仅是整合已有信息的问题。我的任务是从头开始制定一个战略计划，这是一项艰巨的任务。另外，这是我第一次做这样的事情，所以我绝对应该在这个过程的早期就与我的老板保持沟通，以确保我走在正确的轨道上。

如果你对是否征求反馈犹豫不决，请尝试询问你的老板："在我交付最终方案之前，你想看一下早期版本吗？"或者："你希望我在处理此问题时多久向你汇报一次？"。

随着时间的推移，这个错误和许多其他错误一样让我成长。斯坦福大学心理学教授卡罗尔·德韦克（Carol Dweck）区分了成长型思维和固定型思维。具有成长型思维的人相信，通过培训和努力，他们的才能可以得到发展，而具有固定型思维的人则认为，他们的才能是与生俱来的，无法改变。德韦克的研究表明，具有成长型思维的人会因为专注于学习而取得更多成就。从很多方面来说，这是一个自我实现的预言。当你相信自己可以在某件事上做得更好时，你就更有可能做到。

所以，在接收反馈方面，培养成长型思维是极其有帮助的。这不再是批评，而是一个成长的机会。无论你是提供反馈还是接受反馈，让你的同理心浮现出来都很重要。当你设身处地为别人着想时，你会发现批评你的人只是想为你提供帮助。

✦ 哭……还是不哭 ✦

很多文章都讨论了女性在工作中是否可以哭——关于这是否合适，以及如果你这样做是否会受到指责。我并不是说这是最好的主意，但我承认我也在工作中哭过。其他女性也向我哭诉过数次。事后，她们常常感到内疚，觉得自己很失败或者很软弱。

我不认为女性在工作中情绪化是软弱的表现。事实上，当我的高绩效团队成员向我哭泣时，这表明他们是多么想把事情做好。这是好事。但是，这并不意味着你应该为每一个小挫折而哭泣或向老板发泄。

如果你觉得自己对收到的反馈有情绪，或者对工作中发生的事情感到不安，这并不是世界末日。你可以说："哇，我真的没想到会这样。我需要一些时间冷静一下，但之后我想再好好谈谈这个问题。"然后，在工作之余给你爱的人打个电话并倾诉出来。不要让你的情绪郁积在心里，否则它们会以其他方式表现出来并阻碍你积极表现。在我向朋友或家人倾诉之后，我感觉好多了，可以更清楚地思考如何以更稳定和专业的方式继续对话。但我也不会马上就处理。相反，我会先搁着，睡一觉后看看早上的感觉如何。大多数时候，到第二天我就已经好起来了，并准备好了继续前进。

如果你这样做了，但有些事情仍然困扰着你，并且妨碍了你做出贡献，那么沟通就很重要。我指导过的许多年轻女性从没想过与老板进行这种类型的对话，但为自己挺身而出很重要，这样才可以确保你在工作上能继续全力以赴。

我指导的一位名叫琳恩的女士正在处理这样的情况。她领导的团队正在为公司的在线教育软件创建一个新程序，他们已经决定要在该程序中设计一个功能。但随后，在没有事先告知琳恩的情况下，她的老板向整个团队宣布他们不会设计该功能。她觉得，这确实损害了她在团队中的权威。在暂时放下这件事并向家人倾诉之后，她仍然对此感到非常难过。

我鼓励琳恩和她的老板谈谈。她焦虑于如何以一种不会被认为爱发牢骚或过于敏感的方式做到这一点。我告诉她要把重点放在为什么这会妨碍她为公司尽力上，并使用我之前描述的有关如何以同理心提供反馈的所有技巧。我们坐下来共同准备了以下草稿：

"我一直在纠结一些事情，我需要和你谈谈。与你进行这次对话并不容易，但我认为这对于我们的关系以及我对整个公司的贡献很重要。当你告诉我的团队你决定不在新程序中设计该功能时，我觉得这损害了我在团队中的信誉。如果他们质疑我的决策，我就很难成为一名有效的管理者。"

琳恩用上了这段话，她的老板给出了积极的回应。事实上，琳恩后来向我汇报，他们的关系比以往任何时候都更加牢固。她的成功向我证明，当你让同理心引导自己，并使用本章中的技巧来平衡同理心和批评时，你就可以向员工和老板提供友善而直接的反馈。通过运用成长型思维，你将能够把建设性反馈视为进一步发展自己技能的一种方式。

要　点

·在提供反馈时，如果你能根据具体的评论和语境平衡你的反馈，那么同理心可以成为一种资产，以便对方清楚地了解需要改变的内容和原因。

·提供反馈时，请记住让积极的肯定多于消极的批评。研究表明，表现最好的团队得到的赞扬与批评的比例是 6：1。

·接收反馈是成长和发展的机会，而不是出现问题的征兆。不要因为自己做得不够完美而责备自己，而应该专注于如何通过收到的反馈来真正提升自己的表现。

第五章

坚定并周全地
做决定

回顾我的职业生涯中不得不做出的艰难决定时，我想到一次特殊的经历。那时我在时代公司工作，我们推出了一个名为时尚发现（StyleFind）的网站，这是一个由《优家画报》（InStyle）杂志编辑策划的购物网站。这是一项艰巨的任务，需要大量的资金和资源投入，但它却没有成功。

　　很长一段时间里，这个项目进行得很艰难。时尚发现是我的心血（正是我自己动用所有投资来启动这个项目的），我担心如果关闭它，我会被认为失败了，那将是我的耻辱。在经历了两年的挣扎之后，我必须决定是继续在时尚发现上投入更多的时间和资源，还是止损并放手。

　　除了担心这个决定会影响我的职业生涯，我还担心它会影响公司和团队的其他成员。我一直认为我天生的同理心给了我在商业上的优势，因为它帮助我建立了关系、获得了忠诚和信任。但我也会纠结，当需要做出艰难的决定时，同理心是否更像是一种负担。

　　有一个广为接受的观点，即"友善女孩"优柔寡断，难以做出决定，因为她们花太多时间担心别人的想法了。确实，因为我们对他人有同理心，所以我们敏锐地意识到我们的行为如何影响他们和他们的生活。这不一定是坏事。实际上，如果能够合理地驾驭，这会成为一个领导者巨大的优势。

当然，这里的难点是在同理心和过度担心之间取得平衡，因为当你非常担心自己的决定会如何影响他人时，你会无法发号施令。是的，从多个角度思考一切并寻求同事的认可和建议是至关重要的。但归根结底，领导者必须能够站在自己的立场上，做出明确的决定，然后承担该决定的结果。正如我之前提到的，容易因为同理心而变得焦虑正是我的致命弱点，因此在我的整个职业生涯中，制定具体且周密的计划以帮助我采取更果断的行动对我来说尤为重要。

这并不容易，而且我认识的很多其他人也曾为此苦苦挣扎。我了解到一些女性的回答如下：

· "我认为果断的女性会被不公平地贴上专横的标签，所以我倾向于回避在工作中做出重大决定。"

· "我喜欢在做决定之前询问很多人的意见，但我担心如果我不采纳他们的建议，他们会反对我。"

· "有时我认为，如果我寻求建议，我会被视为软弱或无能的人，因此我尝试在不寻求他人任何意见的情况下做出大部分决定。但我想知道如果我采取另一种方式，我是否可以做出更明智的决定。"

✦ 培养真正的自信 ✦

要做出艰难的决定，你需要相信自己有能力做出明智且有效的选择。关于女性和自信的文章已经很多了，但我注意到相关文章中缺少两个关键组成部分：对自信从何而来以及自信与自负的区别的清晰认识。

真正的自信并不是与生俱来的。你可以通过密切关注自己在生活中的成功经历以及如何取得的这些成功来培养这项素质。这种主动的自我反思将带来有底气的自信，而不会给人留下傲慢或咄咄逼人的印象。反过来，当一个人觉得自己很重要且趾高气扬，确信自己各方面都很棒，哪怕不需要真正的证据来支持它，那么，这不是自信——这只是自负。

几年前，我采访了一位有影响力的女性，她评价我有"安静的自信"。起初，我不确定她真正的意思，这是一种赞美吗？她是在说我端庄被动吗？那不是我想要传递的。但她解释说，她希望团队中的人能够做出重大贡献，而又不过于从自我为中心。当我倾听时，我意识到她正在描述一种基于经验的自信。

　　直到今天，当我在做决定时犹豫不决或感到不安全时，我都会回顾过往的成功经历。不久前，我要向三百名经理做一次大型演讲，我很紧张。一位亲密的朋友告诉我："回想一下你做过的一次精彩演讲。"这是简单但可靠的建议。在发表那个大型演讲之前，我回想起几年前我做的一次演讲，我的团队说那次演讲确实引起了他们的共鸣。我尽可能详细地想象了那次演讲——我说了什么，我是如何说的，以及成功的感觉。这让我感到更加自信。

　　当我做是否关闭时尚发现的决定时，我想起了这个方法。我回想起过去做出艰难决定但最终取得了良好结果的经历，审视了自己做出这些决定的过程。我意识到，在每种类似的情况下，我都会采纳所有必要的数据，然后最终凭自己的直觉去做。不是我的大脑，不是我的心，而是我的直觉。这就是对我有用的过程，并且我知道这让我能够使用该技术自信地做出决定。

　　许多其他领导人也利用基于过往经历的信心来做出艰难的决定。我的朋友明迪·格罗斯曼（Mindy Grossman）目前是慧俪轻体（Weight Watchers）的首席执行官，她在 2008 年担任 HSNI（HSN 和 Cornerstone Brands 的母公司）首席执行官时冒了很大的风险，当时经济危机正在蔓延……明迪必须说服消费者、员工和董事会与她一起冒险。她告诉我，如果她没有建立起一个由相信她的人组成的坚实网络，她永远不可能做到这一点。这就是明迪真正的善良和坦诚获得巨大回报的实例。这些人信任她，愿意和她一起冒巨大风险。

尽管如此，当时间临近时，明迪承认她有些担心。她告诉我，她记得站在露台上思考："我可以这样做吗？六千名员工都指望着我。"在那一刻，明迪又重建了她从过往成功经历中生发的自信。她提醒自己，在决定继续前进之前，她已经做了所有详细的尽职调查。回顾所有这些艰苦工作让她内心充满信心，相信自己和自己正在做的事情。

要培养基于过往经历的信心，请问自己以下问题：

· "我什么时候做过一些困难的事情……并且活了下来？"

· "我什么时候做出过明智的选择？"

· "我在成功做出决策时使用了哪些流程？"

然后使用以下技巧自信地做出决定。

1. 寻求专业意见

做出决定时寻求他人的建议显然很重要，但寻求多少人的意见，又具体去找哪些人呢？

事实证明，女性和男性应对压力的方式存在生理差异。

（是的，在工作中必须做出艰难的决定肯定会引发压力。）男性在面临压力源时通常会进入"战斗或逃跑"的模式，但女性在这些时候往往会寻求社交群体的慰藉。心理学家将此称为"照顾和交友"的压力反应。研究表明，女性大脑在应对压力时会比男性释放更多的催产素。催产素让女性对社交互动感觉良好，促使女性在有压力时寻找朋友。

这一部分源自我们对压力的反应，许多人在面临艰难的决定时会去找最亲密的朋友和家人。但他们真的最有能力为你提供明智的意见吗？并不总是如此。比起去找与我最亲近的人，我做的第一件事情是去找能够给我提供相应专业意见的人。我组建了一个团队，我可以向他们寻求建议，以填补我经验和知识的空白。这让我能够听到多种观点，同时还能保持专注且目标明确，不会延迟或破坏我的决策进程。

我经常分享这个策略，以帮助其他女性避免向太多人寻求意见的陷阱。最近，当我担任顾问的初创公司的一位女性创始人需要做出重大决定时，她向数十名投资者（大多数是男性）寻求建议。这不仅非常耗时，而且偏离了目标。她正在开发的产品是一款面向年轻女孩的应用程序，而她寻求建议的男人们并没有真正理解她在做什么，因此给了她相互矛盾且往往过于苛刻的建议。这让她对自己的决定产生了怀疑，完全不知所措。

我告诉她："这是你必须站出来承担老板职责的时候。

你创办了这家公司，所以你可以决定要听谁的。听取那些不是你的目标人群或你想做的事情的专家的建议对你来说有意义吗？"我解释说，在寻求建议时，并不是越多越好，重要的是有策略地选择向谁求助。

我们一起制定了她需要的拥有三类专业知识的人：了解目标人群现有市场的人、具有构建新技术背景的人以及真正知道如何向年轻女孩推销产品的人。她从相应的三位专家那里得到的建议更符合她的计划，并让她能够做出明智且自信的决定。最终，能够对自己的决策富有信心才是每一个既有决断力又有包容力的女性的目标。

与这位创始人相反，我观察到一些女性与"照顾和交友"的本能作斗争，并试图在不寻求任何外界意见的情况下做出决定。她们想要表现得坚强和自信。当然，她们不想打扰任何人，占用其他人的时间，所以她们总是单独行动。但实际上，单独行动根本不切实际。没有人期望你懂得一切。即使是最有经验的世界领导人在知识上也仍然存在空白，他们在做出艰难决策时也会请专家来帮助。这正是我们应该做的。永远不要觉得寻求帮助会让自己处于弱势地位。作为老板，每当我领导的团队有资历较浅的成员向我提出想法或意见并说他们事先与专家交谈过并获得了支持时，我都会觉得他们很有策略而且相当聪明。寻求外部专业知识可以增强你的论点，而不是削弱你的论点。

2. 拥有一支首选团队

你要仔细思考你聘请什么样的人来完善你的知识。但同样重要的是，你需要有两三个可以向他们寻求任何事情的建议的人。这些人不一定是该特定领域的专家，但他们非常了解你的价值观，督促你脚踏实地。他们会问一些棘手的问题，真正地迫使你思考。这里重要的是保持这个团队的规模较小（最多三四个人），并确保团队成员会给你诚实的反馈，帮助你坚持自己的观点，并鼓励你站起来做正确的事情。

我的首选团队由我的丈夫、我亲爱的朋友和前同事帕特丽夏·卡帕斯以及我的商业教练雷（我已经和他一起工作了七年）组成。对我来说，这是一个很好的平衡，因为它由了解我个人的人（我的丈夫）、与我共事过的人（帕特丽夏）以及深入了解我的业务目标和优先事项的人（雷）组成。在我职业生涯的早期，当我没有商业教练时，我依靠一位导师来扮演雷的这个角色。我永远不知道我的首选团队中的哪位成员最终会提出促成我最终做出决定的问题。

当我在时代公司工作时，因为项目重组，我不得不解雇几名员工。这是我做过的最困难的事情之一。那天早上，我联系了每一位被解雇的员工，并安排了当天与他们会面的时间，这样他们就不会因等太久而焦虑不安。然后，我会去那个员工自己的办公室里谈话，这样他们就可以在自己感觉相对舒适的地方接收信息，谈话结束后他们可以留在那里安静地整理思绪。每次会议开始时，我都会说"我有一些坏消息"，让他们立即知道发生了什么，然后我只是简单地分享这个消息并听取他们的反应。

这些谈话很困难，我也担心团队其他成员会如何反应。是的，他们保住了自己的工作，但重组对每个人来说都有压力。我不知道如何与裁员后留下的团队其他成员进行沟通。在我看来，我有三个选择：我可以让每个管理者和他们的团队成员自行去处理这个问题；我也可以什么也不说，什么也不做，只是等待首席执行官向全公司发送一封电子邮件；或者我可以在下班前让大家聚集在一个房间里，然后与他们讨论发生了什么事情。

在筋疲力尽的一天之后，第三个选择肯定是最困难的，但当我与雷交谈时，他说："弗兰，想想你是哪种类型的领导者，什么对你来说最重要。"我立即意识到，由于建立牢固的关系是我的核心价值观之一，因此对我来说最真诚的事情就是将所有人聚集在一起并直接与他们交谈。

毫无疑问，面对大家仍然很困难。但提前做出这个决定让这件事对我来说变得更容易了一点，因为我在进入房间之前就计划好了谈话要点并进行了练习。与我信任的人讨论后获得的情感支持和认可帮助我对自己所做的事情充满信心。这最终是正确的决定，因为它使我能够保护我与剩余的团队成员的关系，帮助他们在工作中感到安全，并确保他们继续为公司做贡献。

3. 吸引利益相关者

作为一名领导者，我发现从那些将直接受我的决策影响的人那里获取意见是有效的，即使他们可能比我级别低。在我的职业生涯中，人们曾多次指责我这样做"过于仁慈"。他们说，如果我向我的下属寻求太多意见，我会显得很软弱。但我对此有不同的看法。对我来说，我的团队由与我的决策利益直接相关的人组成。我对他们负有责任。因此，我总是征求他们的意见，同时仍然明确表示，最终的决定将取决于我。

一位名叫瓦妮莎的女士最近正在为她创立的公司布置办公空间，她聘请了一位顾问为她的四十名员工所处的环境设计一张开放式平面图。瓦妮莎询问我对平面图的看法。我问她的第一个问题是："你问过你的员工他们的想法吗？他们每天都会在这种环境中工作。"

瓦妮莎起初抵制这个想法。她认为如果她征求他们的意见，她会被视为一个容易屈服的人。我建议她将她的员工视为一个焦点小组，并从每个部门中各选一个人来询问。她听从了我的建议，最终得到了一些重要的建议。其中较有代表性意义的是，销售部门的代表指出，他们需要私人空间以放心地打销售电话。因此，瓦妮莎在开放式平面图中添加了几个私人办公室，供销售团队进行通话。她的团队最终变得更加高效了，因为他们拥有成功所需的一切，并且感觉自己的声音得到了倾听。瓦妮莎并没有被视为容易屈服的人，她包容、果断，并真正赢得了团队的尊重。

一旦你做出决定，请感谢你咨询过意见的每个人。你要承认你的决定不会让每个人都满意，但要表达你坚信这是正确的方向。最终，做出决定总归是好的，这样大家才能继续前进。

4. 掌控它——此时此刻

有时我很难做出决定是因为我担心我必须永远坚持我的决定，否则我就是优柔寡断的。

当我第一次开始与时代公司的团队一起开发新应用程序时，这个问题经常困扰着我。技术变化如此之快，以至于我们经常不得不重新思考已经做出的决定，例如产品终端应该包含哪些功能。使用新技术迫使我更加适应快速变化的事物。这段经历帮助我快速做出决定并掌控它们，同时意识到这些决定不必一成不变。简而言之，我学会了拥抱变化。

生活中的事物在不断变化——不仅是技术，还有内部动态和政治——有时重新审视之前的决定是有意义的。与无益的错觉相反，这样做并不会让你变得软弱或无能；相反，它让你果断而灵活，这是领导者需要实现的重要平衡。

当你做出决定后，你就要敢于面对它。永远不要为你的决定道歉——即使你稍后必须重新考虑或者结果不是你想要的。当我做出的决定没有带来积极结果时，我会说："我们根据当时的事实做出了我们在那时能做出的最好的决定，但考虑到我们公司现在的处境以及我们的目标，我们现在需要重新考虑这一决定。"

✦ 如何减轻你的损失 ✦

在苦思如何处理时尚发现之后，我使用了最适合我的决策方式。我看了看数字（非常彻底地证明它失败了）并听从了我的直觉，它也告诉我该放手了。我最终决定关闭时尚发现。这是一次失败，但我没有沉溺于此，而是复盘我们可以采取哪些不同的做法。

我意识到，当我们推出时尚发现时，我们始终无法将消费者的价值主张（描述客户为何应该购买产品或使用服务的声明）纳入其营销和口号中，而这就是失败的主要原因之一。事实上，对于一个消费者来说，向另一个消费者简洁地传达产品的好处并不容易，这正是为什么从一开始我就对时尚发现感到困扰。

后来，我将从时尚发现中学到的东西运用到我的投资工作中。对于创始人如何传达价值主张，我变得很敏感。当我清楚意识到某些产品的营销会成为问题时，我将其视为一个危险信号，这种情况下我通常不会投资。这一策略帮助我发现了最有投资前途的公司，如果没有从时尚发现的经历中学到的惨痛教训，我永远不会知道这一点。

作为一名投资人和顾问，我看到许多女性因无法止损而苦苦挣扎，因为她们担心被视为失败者。及时止损需要勇气和信心，但这是维持生计而不是随船沉没的最佳方式。

还有一件印象深刻的事，我曾投资布莱克·莱弗利（Blake Lively）的公司。当她决定关闭该公司时，布莱克告诉《时尚》（Vogue）说："我从来没想过我会有勇气真正做到这一点，让网站彻底关掉并说，'你知道吗？我还没有创造出如我设想的那样真实而有影响力的东西。我不会继续像小狗追逐自己的尾巴一样，去推出我们团队并不引以为豪的产品。'"

读到这里，你是否认为布莱克是一个失败者，不应该再给她一次机会……或者作为一个强有力的领导者，她将比以往更强、更好地东山再起？她知道我愿意聆听她的下一个商业想法。我敢打赌，下一次她会成为一个更强大的创始人。

那么你如何知道何时是止损的最佳时机呢？当然，你也不想走向另一个极端，即过早地放弃。当你不确定该走哪条路时，请考虑需要采取什么措施才能扭转局面并使这次冒险取得成功。你通常可以将其归结为三到四个变量，然后问问自己每个变量的成功概率是多少。如果可能性很低，那么是时候止损了；但如果不是，你仍然有很大的机会成功。

例如，我将时尚发现成功的可能性归结为以下三个变量：

1. 我们必须让它成为《优家画报》网站的更大的一部分，但这不太可能，因为该网站还有其他更好的功能。

2. 谷歌将不得不改变其算法。对我们造成伤害的一个关键因素是谷歌改变了算法，我们获得的流量比我们预期的要少。这是我们完全无法控制的外部因素。

3. 我们需要公司提供大量的营销预算。我知道现在不是提出这个问题的合适时机，因为公司正在寻求削减成本，而不是进行更多投资。

看看这三个变量以及这三个变量的成功概率有多低，很明显，是时候放弃时尚发现了。

当你做出决定时如何摆脱困境

即使你遵循前面所有的建议，你也有可能由于某种原因，在某个时刻面对一个决定时就是很难抉择。当发生这种情况时，以下是我的处理技巧：

1. 退后一步，思考更大的前景。当你身在其中时你很容易走不出来，尤其是当你陷入困境时。如果要在两个选项之间进行选择，请问问自己哪个选项更符合你（或公司）的整体愿景和价值观。

2. 找到过去处理过类似问题的人，并与他们讨论当时他们是如何做出决定的。可能是你公司的某个人，也可能是其他公司的某个人。不要重新发明创作——很可能，其他人已经对此进行了很多思考。利用这些知识来为你自己的决定提供信息。

3. 想象一下，如果你答应了，你的世界会是什么样子。最近，我获得了首席执行官的职位，我的自尊心显然非常被这个职位所吸引。但后来我开始想象我的日常生活会是什么样子：每天花两小时通勤去从事高压工作，这会意味着给我的孩子和其他对我有意义的项目的时间减少。（更多内容请参见第八章。）

4. 让自己休息一下，暂时停止思考这件事。通常，当你为自己的大脑留出空间时，例如散步或淋浴时，最好的解决方案就会出现！

做决定时排除情绪因素

我的朋友克丽丝·卡特放弃了华尔街的职业生涯，成为一名瑜伽老师，她引导我理解了很多平衡同理心和其他情绪以及做出艰难决定的必要性。在华尔街，克丽丝发现她必须迅速且非常精确地做出反应，而她的自然倾向是在做出最终决定之前花很多时间思考各方面的事情。快速筛选自己的情绪并做出明确的决定对她来说是一个挑战，但她练习得越多，就越熟练。

克丽丝学会了识别她对电子邮件或新闻产生情绪反应的迹象，并会策略性地等待后再回复。然后，一两天后，她会回顾让她心烦意乱的谈话或信息，找出触发她的原因，扮演"事后诸葛亮"的角色。她做得越多，当她被实时触发时她就越能迅速觉察自己的状态。然后，她就可以消除这种情绪反应，进行专业的对话或快速做出决定。

以下是她将情绪从工作场所决策过程中剔除出来的步骤：

· 识别你对触发因素的本能反应，其中可能包括胃痛、喉咙紧张或下巴收紧。注意这些感觉。

· 当你感受到这些身体感觉时，有意识地选择在那一刻不采取任何行动。

> ·之后，回顾并写下发生的事情，就像戏剧中的场景一样。在你感受到那种本能反应之前，对方说了些什么？你认为你为什么会有这样的反应？
>
> ·当你更加了解触发你的因素后，你将能够识别何时需要退后一步并尝试以客观清晰的方式处理情况。

✦ 失败、信心和风险 ✦

显然，关闭时尚发现的决定并没有像我担心的那样最终毁掉我的职业生涯。其实我记得一位高管前辈曾对我说："没有人能做常胜将军。失败伴随着开疆拓土而来。"但当失败发生时，它真的会动摇你的信心。能够想象的是，我们经常将严重的挫折归结为领导力不足，这让我们感到不安全。有趣的是，女性对失败的反应更是如此。

《哈佛商业评论》发现，如果女性过去申请过领导职位但被拒绝，那么她们再次申请领导职位的可能性就会大大降低。随着时间的推移，这无疑是阻碍女性担任高级管理职位的因素之一。我们如何才能更坦然地面对失败和拒绝呢？

大卫·贝勒斯（David Bayles）和泰德·奥兰（Ted Orland）在他们的《艺术与恐惧》（*Art & Fear*）一书中讲述

了一位陶瓷老师进行实验的故事。他把初学陶艺者分成两组，并告诉其中一组的人，他们将根据数量被评分。他们生产的罐子越多，他们的成绩就越好。然后他告诉另一组，他们将根据质量被评分。他们的罐子越完美，他们的成绩就越好。

猜猜最终哪一组制作的罐子更好？专注于数量的那一组人。为什么？因为他们练习了，因为他们失败了，他们最终通过反复试验改进了他们的技术。追求完美的团队从不冒险，他们从不失败，因此他们也从未学习或进步。

我最近听说80%的女性首席执行官在高中和大学时都参加过团队运动。这些数据对我来说非常有意义。在参加团队运动时，女性学会了如何不把团队的成功或失败归咎于个人。你赢了几次，你输了几次，然后第二天你又回到了球场上。一遍又一遍地这样做，这些经历赋予了这些女性领导所需的韧性，让她们能够登上成功的顶峰。

即使你认为加入大学足球队为时已晚，但学习如何培养冒险的信心永远不会太晚。最近，我帮助一位名叫凯瑟琳的女士做出了是否在职业生涯中冒险的重大决定。凯瑟琳曾担任药品销售代表，并获得了销售经理的职位。这是一次薪资大幅上涨的晋升，但也意味着她要从她与丈夫和儿子共同居住的芝加哥搬到北卡罗来纳州。

凯瑟琳和我探讨了潜在的风险。她的儿子有特殊教育的需求，因此为他找到合适的学校很重要。她觉得当儿子已经适应了某个学校以后再去扰乱他的生活是很大的风险。凯瑟琳的丈夫和她在同一家公司工作，他们也为她丈夫提供了北卡罗来纳州的一个职位，所以他的工作不会受到影响。但凯瑟琳仍然担心此举会对他产生影响。此外，她的家人和她丈夫的家人都住在中西部。他们的整个支持系统都在那里。

从积极的角度看，过去一年，凯瑟琳已经对自己的工作感到厌倦，并且对事业上有所突破感到非常向往。这次晋升对她来说是一个向上挑战并承担更多责任的绝佳机会。她知道这些机会并不常有。一旦我们清楚地了解了潜在的风险和回报，我就带着她过了一遍如下的问题：

· 如果我的丈夫和儿子不是影响因素，我会怎么做？当然，凯瑟琳确实需要考虑此举可能会对她的家庭产生怎样的影响，但对她来说，知道不考虑这些影响她会做出什么决定也很重要。对于凯瑟琳来说，如果她不担心这会影响她的家庭，她显然会接受这份新工作。

· 如果他们为我感到高兴，我会怎么做？凯瑟琳很幸运，有一个真正为她感到兴奋的支持她的伴侣，但情况并非总是如此。想象一下，如果没有取悦他人的压力，这个决定会是什么样子，对于那些过度依赖同理心的人（比如我）来说确实很有帮助。

· 这个决定符合我的价值观吗？这听起来可能很愚蠢，但我们中的许多人在一生中都不确定什么对我们来说是最重要的。是金钱、成就感、爱情还是其他什么？我们这些喜欢取悦别人的人常常在追求让别人快乐的过程中忘记了自己的价值观。但是，当你深入了解自己的核心价值观时，你就更容易做出符合你价值观的决定。凯瑟琳意识到她重视自己的职业生涯，并相信如果她在工作中更快乐，她会成为一个更好的妈妈。

· 最坏的情况是什么？确定可能发生的最糟糕的事情有助于消除对未知的恐惧。最坏的情况是，凯瑟琳会讨厌她的新工作，她的儿子会在新学校过得很痛苦并止步不前，而她的丈夫会因为她让他们搬家而怨恨她。这不是美好的事，但对凯瑟琳来说，直面它是有帮助的。

· 我怎样才能降低风险？通常都会有方法可以减轻你个人风险的影响。有时，当"友善女孩"得到机会时，她们会犹豫是否要争取更多，因为她们害怕被视为贪婪的人。但寻找你所需要的东西来降低风险是明智的，而不是贪婪的。如果新职位在一年内没有成功，凯瑟琳可以与她的公司协商在芝加哥找到一份职位级别相同的工作。她还能够把她在芝加哥的房子租出去而不是卖掉它，并在北卡罗来纳州租一套公寓。

故意被拒绝

我曾经听 Spanx 内衣品牌创始人萨拉·布莱克利（Sarah Blakely）谈论她的父亲如何鼓励她在小时候失败。在餐桌上，他会问萨拉和她的兄弟："你们今天经历了什么失败的事情？"萨拉认为，这种允许失败的自由让她有信心去冒险，并为她的职业生涯带来了真正的回报。这个故事让我印象很深刻，当我自己的儿子长大一点时，我可以想象我也会这样鼓励他们。

我还看过一个 TED 演讲，主讲人贾江（Jia Jiang）连续一百天每天出门并有意让自己被拒绝，以此克服对拒绝的恐惧。他真的会走到陌生人面前，问他们是否可以借 100 美元，并在吃完午餐后要求"再来一个免费的汉堡"。这听起来可能很愚蠢，但使他逐渐习惯被拒绝。还有一个意外之喜，他发现很多人比他想象的更友善。

因此，如果你因为可能失败或被拒绝而害怕冒险，为什么不尝试一下呢？问问自己："我今天会失败吗？"你永远不知道它最终会如何帮助你成功。

✦ 风险的另一面——如何应对失败 ✦

事实是，无论你多么自信，或者你做了多少准备，并不是你每一次冒险都会如你所愿。以我自己为例子，我冒过的最大的一次风险就并未如我所愿。

当我还在时代公司时，我意识到我的副业——创业投资和咨询——是我真正喜欢的事情。当时我的两个儿子还很小，所以我也在寻找更弹性的工作。那时我已经在媒体界工作了十五年，觉得是时候做一些不同的事情了。

在采取任何行动之前，我花了很多时间思考我目前所做的事情中我最喜欢的是什么。答案是，我喜欢与初创公司创始人会面，并作为顾问和导师与他们密切合作。这是工作中我最喜欢的部分，但我大部分时间都是无偿在做。

当我还在考虑是否应该成为一名全职投资者时，我遇到了迈克·罗滕伯格（Mike Rothenberg）。迈克经营着一个风险投资基金公司，我最终投资了该基金。我们相处得很好，他邀请我为他工作。这意味着要冒很大的风险，我自然会担心一切——从这个决定将如何影响我生活中的其他人到如果我失败了会发生什么。

为了做出这个关键决定，我问了自己和凯瑟琳一起问过的同样的问题：

· 如果其他人不是影响因素，我会怎么做？就我而言，我的丈夫非常支持这一可能的举动，而且我已经知道这对我的孩子们来说是一个不错的选择，因为如果我从《时代》杂志离职，我就能花更多的时间和他们在一起。但我担心，如果我继续前进，我在《时代》杂志的忠实团队可能会觉得我抛弃了他们。但当我问自己，如果它不是一个影响因素的话我会做什么时，诚实的答案是我会冒险离开。

· 如果他们为我感到高兴，我会怎么做？想象我的《时代》杂志团队为我踏上这段新旅程而感到兴奋，这让我真正有信心做出这个决定。它还帮助我从新的角度看待这个决定——我在走向一个新的机会，而不是放弃一些东西。

· 这个决定符合我的价值观吗？在我职业生涯的那个阶段，我的孩子们是我的首要任务。我也希望在我的职业生涯中继续有所作为。在风险投资领域工作可以让我有更多时间陪伴孩子，而且我知道这对我的职业生涯有好处，因为我可以学习新兴技术并扩展我的人际网络。

· 最坏的情况是什么？最坏的情况是这个职位不成功，我只能靠自己，没有平台。我也知道我从时代公司进入风投界可能会被媒体报道，所以如果不成功那就很尴尬了。

· 我怎样才能降低风险？对我来说，这可能是最重要的问题，因为它让我看到，即使在为迈克工作的同时，我也可以继续进行自己的个人创业投资。这样，即使此举进展不顺利，我仍然可以拥有自己的投资组合。

在回答了所有这些问题并对迈克和他的公司进行了尽职调查后，我发现做出决定要容易得多。我决定为迈克工作。起初我确实喜欢这份工作。我融入了硅谷一个令人难以置信的社交网络，我真的很喜欢和一个年轻、充满活力的团队在一起。

我想象我会在迈克的风险投资基金公司工作几年，然后转到一家更大的风险投资公司。但事与愿违。两年后，我对风险投资感到失望。我发现我的价值观与我日常的工作职责越来越不一致，我意识到我会更乐意将自己的钱投资于初创企业，而不是别人的钱。我很高兴自己考虑了如何降低风险并一直坚持自己投资。那时，我已经建立了由十七家公司组成的个人投资组合，我可以离开迈克的公司，而不必担心下一步会发生什么。

最终，这次经历并没有完全按照我的计划或我的希望进行，但如果我可以回到过去做出不同的决定，我也不会选择这样做。当时这就是正确的决定，我从这次经历中获得了很多积极的东西。我与一些我本来不会认识的人建立了关系；我有机会与一大群重要人物交谈，这是我以前没有过的；它让我能够发展自己的个人品牌。它还给了我时间和灵活性来写这本书并从事其他项目，例如《女性创业者》（Girl Starter），这是一档关于女性企业家的新真人秀节目。

虽然说我不会改变我的决定，但这并不意味着我一路上没有犯过错误。比如，当我意识到这个职位不适合我时，我真的应该采纳建议并及时止损。但我不愿意接受在这次大冒险中的失败。直到我鼓起信心决定减少损失离开后，我才发现这并不是失败，因为我从这次经历中收获了很多。底线是什么？如果你冒了险但事情没有按计划进行，欢迎来到这个（失败）俱乐部。下文中我会分享如何站起来，掸掉身上的灰尘，并继续前进。

问问自己：

- "我从这次经历中得到了什么？"
- "如果我能回到过去，我会做哪些不同的事情？"
- "下次我会采取哪些不同的做法？"

要　点

· 真正的自信来自你之前成功的事实基础，而不是自负。为了建立基于过往经历的信心，问问自己过去如何做出明智的选择。

· 女性面对压力时会出现独特的"照顾和交友"反应。为了充分利用这种本能，最好组建一个核心团队来帮助做出艰难的决定。这个团队的人应该是你信任的人，他们总是鼓励你做到最好并为自己挺身而出。与具有特定专业知识和拥有你所缺乏的经验的人讨论决策也很有帮助。

· 如果女性学会如何承担风险并不害怕在竞争中失败，那么她们更有可能成为强有力的领导者。为了适应风险，尝试每天承担一个小风险，或者提出一个你知道可能会被拒绝的请求。你做得越多，你对失败就会越坦然，就越不会被失败吓倒。

· 当你发现自己在工作中变得情绪化时，请退后一步，想一想在出现这种情绪之前可能是什么触发了你。当你意识到这些触发因素时，你就可以知道何时需要花点时间才能做出不带情绪的明确决定。

第六章

有策略和
同理心地谈判

众所周知，当今社会里，基于性别的工资差距确实存在，并且短期内很大概率不会消失。根据 2015 年（我们掌握的最新数据）的统计，美国男性和女性的工资之间总体存在 20% 的差距。换句话说，平均而言，男性每挣一美元，女性只挣得到八十美分。尽管在过去几十年里，女性的薪资确实有了一些提升，但提升的速度已经停滞不前。以 1960 年到 2001 年的变化速度计算，女性将在 2059 年实现与男性的薪资平等，但自 2001 年以来的停滞情况来看，女性至少需要到 2152 年才能实现与男性的薪资平等。

　　有色人种女性的工资与其他人的差距甚至更大。2015 年，男性每挣到一美元，非裔美国女性只挣得到六十三美分，而拉美裔女性仅为五十四美分。如果你认为这还没有震惊到你，不幸的是，还有更让人惊讶的。按照平均值，女性在 35 岁之前的薪资为男性薪资的 90%，而在这之后，无论种族或教育水平如何，随着年龄的增长，工资差距开始进一步扩大。

这些数字是不是令人触目惊心？那背后的原因是什么呢？一项 2012 年的研究证明了刻板印象和性别偏见是工资差距产生的主要原因之一。在那个实验中，招聘实验室助理的科学教授们被呈交了两份几乎完全相同的简历，只有一个关键的信息不同，那就是一份简历上写的是约翰的名字，另一份是詹妮弗的名字。结果发现，"约翰"被认为比"詹妮弗"更能干和更值得雇用。令人气愤的是，这些教授最终提供给约翰的起薪要比詹妮弗高大约 12%。

如果这还不够令人愤怒，想一想这个——你甚至不必是人类，也可能因为女性身份而受到薪资歧视。在一项 2014 年的研究中，参与者被要求估计他们愿意为两个具有相同性能的机器人支付多少钱，那是一个名为朱莉的机器人和一个名为詹姆斯的机器人。结果发现，人们认为詹姆斯的价值比朱莉高出整整 25%。这很疯狂，是吧？

我在工作经历中多次亲眼见证了因为刻板印象而导致男性比女性更受重视的故事。早期，我负责在一个非营利组织的董事会审核薪资。每年这个董事会都会对管理团队的每个成员进行评估，并决定他们在接下来的一年中的薪资。我们讨论了两位同级的男性和女性潜在的薪资增长，一位年长的女董事建议给予那位男性更高的薪资增长，理由是他是家庭的主要经济支柱，而那位女性则是单身，并没有同样的经济压力。

　　幸运的是，董事会的一位男士发言了："我们不应该将这作为我们决策的因素或假设。在我看来，他们的表现和为组织带来的价值是相等的。"董事会的其余成员都表示同意，并决定给予他们相同的涨薪。

　　可这也是第一次，我如此明确地听到将性别作为涨薪理由，也就是认为男性应该比同等情况下的女性获得更高的薪水，我深感震惊。听到一个女性持续弘扬这种刻板印象，为了性别而主张给予男性更高的薪水，这尤其令人沮丧。我当然知道这些偏见早已存在，但这次经历向我证明了它们是多么根深蒂固，并且如何有力地阻碍着女性的发展。同时，最后的结果也给了我希望。我对董事会那位能站出来发言的男性印象深刻。还是存在一些致力于争取平等的男性，他们在面对这类情况时愿意发声也很重要。

✦ 用谈判消除差距 ✦

　　除了在工作场合为其他女性发声外，还能做些什么来缩小工资差距呢？某些非常成功的女性榜样认为，我们必须在工资谈判上做得更好，才能消除这种差距。

　　一定程度上，我同意这一立场。在现实生活中，男性和女性在谈判方式上差异明显，或者更准确地说，他们对于是否谈判有着明显的行为差异。近期，一项针对 MBA 毕业生的研究发现，一半的男性毕业生就他们第一份工作的薪水报价做了谈判，而只有八分之一的女性选择了谈判。这意味着几乎 90% 的女性很可能放弃了一部分工资。此项研究还得出一个结论：男性的起薪比女性平均高出 7.6%。

我也犯过类似这些女性 MBA 毕业生犯的错。在我参加工作的前九年里，我要么在原公司晋升，要么跳槽，这发生了五次，每次我都欣然接受公司最初给我的工资。我总是非常感激能有工作，从未想过要进行谈判。

现在我知道，公司最初的报价通常并不是它们能给出的最高的报价。通常情况下，雇主对每个职位都有薪资范围。他们的第一个报价可能是该范围中较低的一端，从而留下较大的谈判空间。因此，如果你接受了最初的报价，那么你很可能会错失良机。

与招聘人员交谈是了解市场形势的一种好方法——看看哪里有"热度"，哪些领域正在扩张，哪些领域正在收缩。顺便说一句，这也是在你当前的职位上为公司增加价值的一种方式。了解市场力量有助于组织各个层面做出更好的决策。（我在第七章中提供了有关与招聘人员联系的更多技巧。）

我第一次进行薪水谈判是工作八年后。当时我离开可口可乐公司，加入了电影地带。即便如此，这也是一次偶然！当我告诉可口可乐公司我要离开时，公司劝阻我，试图让我留下来。可口可乐公司的出价是如此诱人，以至于我回到电影地带并告诉相关人员我现在正在考虑留在可口可乐公司。令我惊讶的是，电影地带主动提出了比可口可乐公司的出价更高的报价。在意识到我已经成功地（无意地）在工资、奖金和股票期权方面达成了更好的协议后，我最终决定跳槽。

在这次富有启发的经历后，我一下子意识到，我实际上并不需要利用可口可乐来报价。我本可以利用自己的优点从一开始就与电影地带进行谈判——而且我意识到我早就该这样做了。这让我醍醐灌顶。我终于明白了自己的价值。展望未来，我总是确保彻底审查我的薪酬计划，而不是默许接受。我还选择合适的时机，充满信心地进行谈判。随着工作经验的丰富，我发现许多为我工作的年轻女性都犯了与我相同的错误——她们并没有主动进行谈判。这变得如此常见，以至于当我与团队一起准备年度绩效评估时，我会开始期待加薪谈判，甚至为此做计划。在完成这些评估和准备加薪时，我小心翼翼地关注绩效，但即便如此，我意识到我的团队中的男性成员的确更敢于进行谈判，而他们往往比不敢进行谈判的女性同事能得到更多。

那么为什么女性更不倾向进行薪资谈判呢？根据我的经验，这与女性很容易感受到压力有关，压力之下的她们会主动去迎合。许多女性担心，如果她们为自己谈判，会给人留下咄咄逼人甚至贪婪的印象。这种担心我当然也能体会。我不想这么说，但事实是，研究证明这种担心是正确的！

在埃默里大学 2011 年的一项研究中，经理们被告知他们必须与员工讨论加薪问题。在这种情况下，他们向团队中的男性员工提供的加薪比向具有同等技能和经验的女性提供的加薪高出两倍半。这是在谈判启动之前。但当这些经理被告知他们不必证明或讨论加薪金额时，他们向男性和女性员工提供了同等的加薪。

换句话说，当这些经理被迫与员工讨论薪资时，他们是怕麻烦的。他们认为，在讨论中，男性会比女性更努力地争取更高的工资。因此，他们从一开始就给了男性更多的钱——两倍半。尽管事实上他们知道这些人并不是真的更值钱——正如他们在无须讨论的情况下给予女性同等加薪所证明的那样。

一旦谈判开始，女性的处境往往会变得更糟。在哈佛大学和卡内基梅隆大学进行的一系列研究中，评估人员被要求根据最喜欢与谁共事对潜在员工进行排名。如果女性之前曾发起过关于提高薪水的谈判，男性和女性评估者都会给她较低的评分。同样的判断并没有施加在进行谈判的男性身上。

后续，评估人员被问到如果她们是这些处境中的员工，她们会怎么做，大多数女性表示不会谈判。但这不仅仅因为她们温顺或者怕得罪人，而是因为她们非常清楚谈判可能带来惩罚。我相信这就是女性无法为自己争取的原因——我们意识到我们面临的不公平判断，并认为这最终不值得为此付出代价。

我指导过的女性常常问起如何成功谈判而不因"咄咄逼人"受到惩罚，这个话题显然引起了我所调查的女性的共鸣。她们是这样说的：

·"我是一名自由职业者，所以我经常需要进行谈判，但我讨厌这样做。这对我来说不是一件天经地义的事情，我总觉得只是因为要求获得应得的报酬，就会受到不公正的评判。"

·"当我接受新工作时，我没有进行谈判，后来发现一位男性同事为类似职位进行了谈判，他的薪水比我高出20%以上！这让我每天都感到愤怒，我却不确定现在能做些什么。"

·"虽然我在进行谈判时感到不舒服，但我逼自己为现在的工作进行了激烈的谈判，最终得到了我想要的薪水和待遇，但我那位男性老板三年后仍然挖苦我当时在'掏空他的口袋'。"

✦ 友善和富有策略地进行工作谈判 ✦

那么对于这一切，我们应该做什么呢？在这个话题上，向女性提供的大多数建议都是要表现得强硬，"像男人一样"进行谈判。但我的建议有点不同。我认为对我们来说重要的是要意识到我们所面临的偏见，而不是一味地向前推进并激进地谈判或完全不谈判接受现状，而是要利用我们的关系技巧以一种战略性的方式进行谈判，这样做对谈判桌两边的人都有好处。

1. 关注公共利益

研究表明，进行集体谈判时，着眼于对组织最有利的事情，而不仅仅是对自己最有利的事情，女性获得成功的机会更大。这意味着除了讨论为什么你值得升职和加薪之外，你还应该谈论你的才能和经验将如何为公司增加价值。例如，"我带来的人才和人际网络对于公司实现其最大目标至关重要"。

这是一种刻板印象的表现吗？因为人们通常认为女性会考虑别人而不是自己？我不这么认为。你仍然在为自己的成就大声疾呼，并要求体现自己的价值，但只是以一种最有可能成功的方式去做。这没有什么可说的。

2. 了解你的价值

如果你对代表自己进行谈判感到不舒服，那么根据市场准确了解自己的价值可以帮助你感到更加自信。对于薪资和其他福利不透明的公司来说，这可能很困难，但还有其他方法可以让你了解你的价值。从我职业生涯的早期开始，我的印象是，男人之间谈论金钱的次数比女人多得多。但我们越愿意就自己的价值进行公开对话，我们就越能努力缩小工资差距。

我花了很长时间才了解自己作为顾问的价值。有一段时间，我对自己的时间和建议不求任何回报。我会参加一个又一个的会议，免费分享我的建议。最后，一位也做顾问的好朋友对我说："弗兰，你为什么义务做所有这些工作？我通常会免费举办一场介绍会。之后，如果人们想要我的建议，他们必须向我支付顾问费用，或者给予我作为顾问的股权。"

这让我重新思考我如何回应无休止的咨询请求。我决定先与创始人进行三十分钟的通话或介绍性会议，然后再以官方顾问的身份要求得到报酬。如果我的朋友没有向我坦白她如何收取自己的咨询费，我永远不会知道我的价值。现在，我会确保掌握我当前的价值以及它随着时间的推移会如何变化。当我与其他顾问举行非正式的社交会议时，我会问他们："你在你做咨询的公司中获得了什么样的股权？"

如果你不确定自己的价值，请努力找出答案。许多招聘网站有很多有价值的薪资信息，你可以查看这些信息来了解你的同行的收入。你联系的招聘人员还可以根据你的经验和职业水平告诉你他们所看到的薪酬区间。

3. 了解所有杠杆

我发现在谈判中我们常常狭隘地定义"报酬"。在探索新工作和思考谈判过程时，尝试更广泛地考虑。薪酬方案不仅仅是工资和福利（当然，这些很重要）。如果公司不愿意提高你的工资，你还可以争取一些经常被忽视的"补偿"。

这里仅仅是少数例子：

· 灵活的日程安排（兼职或远程工作）

· 教育支持（继续教育或研究生课程的学费报销）

· 奖金

· 股票期权

· 额外的假期

· 健身房会员

· 夏季周五休息

还要记住，你的优先事项会随着时间的推移而改变。当我二十多岁的时候，工资对我来说非常重要，这样我和我的丈夫才可以开始存钱。当我四十多岁时，由于我有了孩子，灵活性变得更加重要。你的优先事项可能与我的不同。

我的一个朋友有一项她热爱的副业，能够继续从事这项工作对她来说很重要。她愿意放弃一点全职工资，以获得继续从事她的业余项目的许可和灵活性。这些都是拼图的一个部分，每个部分的重要性可能会在你的职业生涯中发生变化。在开始谈判之前确定哪一个对你最有价值。

4. 选择适当的时机

当你懂得在适当的时机争取你应得的东西时，你的同理心会为你锦上添花。你的老板何时在讨论中富有开放性和包容度？我曾经有一个老板，他早上和下午就像两个不同的人。每当我想要什么东西时，我都会确保在当天早些时候在他的日程表上找到时间，这样才有成功的机会。对我来说，这是我的技巧和策略。

无论你的老板是谁，如果你最近在工作中取得了重大的、引人注目的成果，这时候是个好时机。公司里的人会知道你的成就，你的老板也不想失去你。此时正是你应该把握的，因为你风头正盛又占上风，而不应该等到年终总结时才要求加薪或晋升。

5. 收集可靠的数据

谈判应该始终客观而不是主观。我的意思是，永远不要让谈判私人化，或仅仅讨论自己"感觉"自己应得什么。按照这个思路，尽量避免谈论个人情况，比如你自己有多少开销要支付。晋升和加薪应该与绩效和客观数据有关，而不是感情用事或者索取通融。个人的焦虑和企业没什么关系，所以它可以被轻易驳回。

尤其是当你在谈判中感到不自信时，最好能依靠你收集到的可靠证据来帮助你陈述理由。这些证据可以是关于你的成就的数据，也可以是关于公司当前财务状况的数据。例如，准备具体的证据，证明你为企业创造的价值，无论你是在学校成功启动过一个项目的教师，还是实施了一项为公司节省了大量资金的计划的会计。有时，你创造的价值与具体的产品或项目无关。可能是你为你的团队创造了一种文化，从而提高了士气，留住了人才；也可能是你采取主动，在公司发起组建了一个新的业务资源小组。

在谈判时，财务数据同样重要。你必须掌握一些数据来证明你的要求是合理的，包括你可能会付出的成本。例如，我最近指导了两名不同的女性，她们都将在年底前离职，因此舍弃了年终奖金。她们都没有想到要求新公司给她们一笔签约奖金，以弥补这笔损失。我解释说，从她们的新雇主的角度来看，她们拿到这笔钱有确凿的数据，很难反驳。果然，两位女士都通过谈判成功获得了可观的签约奖金。

市场定价也很难被反驳。当我在时代公司时，我团队中的一位年轻女性走过来对我说："你看，我知道在其他媒体公司与做我相同工作的人赚这么多钱。这是他们的薪酬范围。"她是对的。通过以这种方式展示，她让我别无选择，我只能想尽办法给她加薪，否则我就有失去她的风险。

在我自己的工作中，我也依赖市场数据进行谈判。当我刚开始在时代公司就职时，他们给我的头衔是《人物》数字版的总经理。但我知道在《体育画报》（*Sponts Illustrated*）中担任同样职务的人拥有更高的头衔。我回到我未来的老板那里，要求提供一个匹配的头衔，但他说："《体育画报》的数字品牌已经很成功了。我们才刚上轨道。我们先保留你总经理的头衔，一年后再看看表现如何。"我认为这很公平。一年后，我们的数字品牌取得了成功，我的老板也很乐意授予我总裁的头衔。

当你在谈判薪水、晋升甚至头衔时，你可能不会立即得到你想要的。但如果你拿着数据并大胆询问，你最终更有可能心想事成。

6. 想象自己代表他人

我会谈一个有趣的事实：研究告诉我们，在代表他人进行谈判时，女性的表现实际上优于男性。当谈判与她们无关时，女性是否会感到更自在，因为她们不会冒着贪婪的风险，或者因为与她们谈判的人不会因这些双重标准而惩罚她们？我敢说这可能是两者兼而有之。这可能与公共的谈判有关。代表别人进行谈判会让我们看起来更关心别人而不是自私，这一特质历来受到女性的重视，并得到社会的认可。

对我来说，这实际上是一种赋权。这表明我们确实拥有谈判的天赋与能力。但当我们代表自己谈判时，一些事情就会发生——我们的信心消失了。如果这种情况发生在你身上，下次你准备协商加薪或升职时，想想如果你代表你最好的朋友或姐妹而不是你自己，你会如何进行对话。然后，把这种信心和信念应用到你自己身上！

当我二十多岁要求加薪时，我希望知道的事

当我二十多岁的时候，要求加薪的想法让我感到害怕。如果我被拒绝怎么办？我的老板会认为我贪婪或咄咄逼人吗？我真的值得更多的钱吗？这种犹豫让许多女性不敢在工作中提出更多要求。我理解，因为我也经历过，而且我指导过许多经历过类似情况的女性。虽然要求加薪并不总是那么容易，但它未必是可怕的。以下是五个提示和提醒，我希望我可以告诉二十多岁时渴望知道是否应该（以及如何）去争取更多东西的自己。

1. **请记住：即使你得到的答案是"不"，世界也不会毁灭。**要求加薪后可能发生的最糟糕的事情是什么？你不会被解雇。你不会被降职。"不"显然不是你想要的答案，但除非你的要求完全不合理，否则它不会损害你的职业生涯或导致任何人对你产生负面看法。如果说有什么不同的话，那就是它传达了一个信息：你对职业发展充满信心、精明且认真。

2. **带上你过去成功的记录。**学会记录你的成就，把它们写下来，尽可能引用具体的数字和例子。当要求加薪时，这些例子会提醒你为什么你值得加薪。更有意义的是，它们将在你的谈话中作为证据被提及。我收到的最耀眼的加薪申请都聚焦在那个人的影响力及其所取得的具体成果上。

3. **要有信心并保持积极的态度。**消息的传递方式很重要。如果你听起来不确定自己是否值得加薪，这可能会引起坐在桌子对面的人的怀疑。这也会暗示他们，他们可以拒绝你。因此，一定要保持强有力的眼神交流，坐直，并尽量减少使用"嗯"和"只是"等词。精力充沛地开启对话，一定要强调你对工作和公司的热爱。

4. 停止等待完美的时刻。你可以通过使用本章前面的计时技巧来制定策略。然而，如果你一直等待完美的时刻，你会等待很长时间。未来总会有新的可能的成就。不要拖延，现在就强迫自己去问。

5. 用"不"来推动你的下一步行动。如果你的老板告诉你这不会发生，问问理由。获得尽可能多的具体反馈，以便你可以弄清楚需要采取哪些步骤才能推进到下一步。对话结束时，你能准确地知道你必须完成什么以及什么时候完成，然后定期与你的老板或经理联系以确保进度。

❖ 工作谈判 ❖

我们倾向于从薪资、晋升和头衔方面考虑谈判，但无论你从事哪个行业，你很可能会发现自己在工作时也处于某种谈判中。哪怕就是单纯为了完成工作，你都可能会就以下内容进行谈判：更多的资源（例如在团队中雇用更多人员）、与供应商的合同条款、特定计划的启动日期（通常涉及要求更多时间）、自由职业者的报价、某个项目的总体预算等等。关键是，学习成为一名有效的谈判者必然会帮助你更好地完成工作。

1. 避免支付"混蛋税"

谈判看似可怕，但事实是，谈判的优势有时候恰好来自
"友善女孩"具备的技能。从本质上讲，当你真诚友善并利
用同理心建立牢固的关系时，人们更有可能在谈判中同意对
你有利的条件，并答应你的要求。安·弗罗斯特向高管讲授
谈判技巧课程。她声称，当人们在谈判过程中表现粗鲁时，
最终往往会付出代价。她称这种代价为"混蛋税"。

"没有人喜欢和混蛋谈判，"她说，"所以得让他们缴纳
'混蛋税'，而他们自己甚至没有意识到这一点。"

我在自己的职业生涯中见过这种情况。当我在电影地带
工作时，美国在线收购了我们公司。我负责电影地带的财务
工作，因此我负责主导我们这边收购的相关调查。这份调查
是一个棘手的过程，大家会变得有对抗性，因为它涉及公司
定价，利害攸关。我知道这一点，并想尽我所能来避免无益
的冲突。

我也知道我会花很多时间与美国在线评估我们业务的人员
在一起工作，因此我付出了很多努力去建立私交。与此同时，
我们必须让美国在线的员工相信电影地带的价值为 5.25 亿美
元。向他们介绍财务状况并解释我们的收入模式和资产是一项
重大责任，但我确保这一过程的协作性和包容性，并明确我
们有着共同的目标：顺利完成交易。我们在公司里为美国在
线团队设立了一间会议室。我没有整天坐在自己的办公室里，

而是花很多时间在他们的会议室工作，这样他们发现问题时，可以随时找到我。通过与他们共享空间，我自然而然地在私人层面更了解他们并与他们的团队建立了良好的关系。

收购最终完成后，这种富有合作精神的态度给我带来了很多好处。现在，我们所有人都必须合作，而我就有先发优势，因为我已经与他们的团队建立了积极的关系。这使得我的工作过渡比其他人的更容易、更顺利。

我从这次经历中学到了很多，此后在职业生涯的每个阶段绝对都将人际关系放在首位。后来，当我在时代公司工作时，米奇·克莱夫（Mitch Klaif）担任我们的首席信息官。作为技术负责人，他承受着保持基础设施正常运行的巨大压力。我感觉到，从很多方面来说，他的工作都是吃力不讨好的。很多来找他的人都不满意——他们的电子邮件不起作用，或者他们没有项目所需的资金。

我花时间去了解米奇这个人，询问他的家庭情况，在他感到沮丧时倾听他的心事。所以我和米奇相处得很好，而我的许多同事则很难让他优先处理他们的需求。有一次，我的团队需要加速产品发布，这意味着我们需要米奇的团队提供更多资源。我以为我的老板会直接问他，但她却说："弗兰，需要你去问米奇。他不会对你说不的。"

果然，当我走进米奇的办公室时，他笑着说："哦不，她又来了。这次你想从我这里得到什么，弗兰？"当我得到他的同意（当然他会同意！），我的团队总是难以置信。但这不是魔法。米奇倾向于支持我，是因为我们已经建立了良性的关系。换句话说，我不仅仅是在遇到问题或需要什么时才去找他。我与他有个人交情。这不是个大工程。作为一个所谓的"友善女孩"，保持同理心对我来说是很自然的事情。当需要谈判或提出要求时，这就是我的巨大优势。

当他们卑劣时，"友善女孩"依然可以保持风度

也许你在想："这一切都很好，但如果与你谈判的人不像你那么'友善'怎么办？"

不幸的是，这种情况经常发生——一个"友善女孩"试图使用本章中所有的友善和协作谈判策略，但桌子另一边的人表现得一点也不友善。幸运的是，有一些方法可以成功地进行谈判，而不必屈服于恶霸的伎俩。

我的朋友米米·费利西亚诺（Mimi Feliciano）是一位房地产专家和慈善家，她告诉我，她接受过一种名为"谈判协议的最佳替代方案"（也称为"BATNA"）的技术培训，该技术可以帮助你弄清楚如果谈判遇到问题该怎么做。她被教导即使谈判开始变得糟糕，还是要运用创造性思维使谈判取得协作性进展。

米米发现，当她使用这个技术时，她能够找到跳出常规、双赢的解决方案。例如，她正在就一项大型开发交易谈判，涉及购买几处不同的房产，她需要拿到最后一块地才能顺利做余下的事情。但偏偏最后这块地的店主是个恶霸——卑鄙、不合作、不讲公平。一切都必须按他的方式进行。她提出双方各让一步，但他拒绝。

米米没有发飙或过于防御，她不想变得和他一样没有风度去迫使对方改变底线，而是采取富有创造力的方式，思考是否有其他方法可以让对方得到他所需要的东西，同时仍然保持己方有利（而不是赔钱），因此她寻找有意向的第三方来协助。她知道开发项目所在的镇确实希望该项目能够通过。于是她去找他们解释了自己的困境，他们之后提出了调解协议。在镇里的协助下，谈判取得了进展，大家都有收益，项目也得以顺利进行。

强硬的谈判者可能会认为这是一次失败，因为米米没有让店主在购买金额上做出让步。但从更具协作性的角度来看，这对米米、店主和小镇来说都是一场胜利，因为他们最终都得到了自己想要的东西，项目也向前推进了。

米米的目标不是打败对方，而是与他们合作，这样就能实现双赢。她也确实做到了。

2. 共情与谈判——双赢

对我来说，成功的谈判会带来双方的胜利，而不是我迫使对方以牺牲他们的利益为代价给我想要的东西。为了达到双赢，双方都需要真正了解什么对对方来说是重要的。这需要具备真正的同理心。

我首先从父亲那里学到了同理心谈判的艺术。作为一名技术工人，我父亲经常不得不就项目费用进行谈判。当我们刚从意大利搬到纽约时，他的英语不是很好，所以他依靠非语言交流来表达他的自信和真诚的善意。他注视着对方，亲切地拍着他们的肩膀，总是微笑着。他很有魅力。但他的善意总是建立在了解对方来自哪里以及什么对他们重要的基础上的。我父亲的整个生意都依赖于口碑推荐，因此他希望每个与他进行谈判的人都对他感觉良好。

虽然我父亲凭直觉做到了这一点——他从未接受过正式的谈判培训——但专家们一致认为，利用同理心是实现双赢结果的最佳方式。谈判专家威廉·尤里表示，成功的谈判是改善参与者之间关系的谈判。要做到这一点，你必须关注双方的利益，即你们各自试图改变、创造和 / 或保护的事物，而不是试图保持获胜者的地位。一旦你明确了各自的目标，你就可以找到方法来实现你想要的。

我指导的一位名叫安娜的女性最近在一家大型报纸出版商的营销部门担任新职务。她的第一个任务是寻找新软件来管理他们的客户数据库。安娜找到了一家初创公司，其产品非常令人印象深刻，她认为该产品非常适合她的公司。当需要协商每月的许可费时，她不确定多少金额才算公平。她来找我询问如何协商费用。

我的回答让安娜感到惊讶。我问："你为什么要付钱呢？"我告诉安娜，仅仅是与这家公司合作就让她为这家公司带来了巨大的价值，因为她的雇主是一家大型出版商。也就是说，对于初创公司来说，拥有这样一家知名公司作为他们的第一个合作伙伴将是一个巨大的成功。根据我的意见，安娜决定与这家初创公司协商一项为期三个月的免费试点计划。

我鼓励安娜说出对方的想法，比如认为对方想要什么以及她自己的目标。例如，她可以说："我想你的目标是将你的软件交到尽可能多的客户手中。与大型出版商签约将为你带来良好的信誉，这对你来说比每月的许可费更有价值。我的目标是让我的公司找到最有效的软件来与客户沟通，并尽可能降低财务风险。我相信，如果我们齐心协力，肯定能找到一种方法来满足我们双方的需求。"

　　如果对方同意这些目标，我告诉安娜接下来可以说出实际的提案："所以这就是我的想法。我们可以进行为期三个月的试点，在此期间我愿意投入资源来测试软件。你将告诉人们我们是你的第一个客户，并且在三个月结束后你将获得我们所有的反馈，这将使产品变得更加完善。这样，我们就可以在不冒险的情况下试用该产品。如果三个月后一切顺利，我们就可以开始支付许可费。"

　　最后，我告诉安娜，如果她陷入困境，记得回到"我们怎样才能让这项工作成功？"来思考。通过说"我们"，她可以善意地、有同理心地提醒对方，他们是同一个团队的。他们没有竞争，而是一伙的。随着事情的发展，这种谈判方式对安娜来说也变得很自然，最终她与这家初创公司的创始人达成了协议，获得了双赢。

要　点

· 在职场上，女性不像男性那样敢于为自己谈判。这是造成性别工资差距的一个主要因素。与其直接接受第一份报价，不如勇敢提出你应得的要求。

· 在谈判中，重点关注你为组织增加的客观的、真实的价值，而不是你想要更高薪水的原因。提前收集尽可能多的数据以支持你的论点。

· 同理心是谈判时的一项资产。始终尝试将你想要的与对方想要的联系起来，如果你陷入困境，请回到"我们怎样才能让这项工作成功"上。

· 面对艰难的谈判时，通常需要创造性地解决问题才能找到解决方案。发生这种情况时，问问自己："除了谈判达成的协议之外，最好的替代方案是什么？"

第七章

投资自己并成为
团队的一分子

大约八年前，我听到了时代华纳公司的高级主管帕特丽夏·菲利·克鲁谢尔（Patricia Fili Krusel）的演讲，她分享了自己如何一天参加两三次人际网络拓展会议。我非常震惊！我无法想象她是如何抽出时间来完成这些工作的。但帕特继续解释说，回顾她的职业生涯，她认为最能帮助她取得成功的因素就是她长期以来建立起来的无与伦比的人际网络。她深深感觉到，这些人际网络帮助她从一份工作走向了另一份工作。

"嗯，好吧，"我想，"这很重要。"当时，我还不知道我的下一份工作会是什么。我已经在数字媒体领域工作了十多年，我意识到我需要开阔视野，结识数字媒体之外的人。那些外表和想法都与我很不一样的人，我想从他们那里知道其他的可能性。我当时想，如果帕特丽夏每天能参加两三次人际网络拓展会议，那么我也至少可以每天约一次咖啡。这就是通往全新事业之旅的开始。

我做的第一件事就是与帕特丽夏·卡帕斯（Patricia

Karpas）重新建立联系。结果发现，她正在从事各种非营利活动，甚至还接管了非洲的一所孤儿院。当时，我在非营利领域做得很少，与她会面后，我被启发去接触更多。

这些社交让我认识了更多非营利组织领域的人，而最终，我了解到了尼古拉斯·克里斯托夫（Nicholas Kristof）和谢尔·吴登（Sheryl WuDunn）合著的《半边天》（*Half the Sky*）一书。这本书中讲述了世界各地妇女所遭受的压迫。它让我开始思考我想要回馈给世界的是什么、我真正热衷的是什么。

在书的末尾，作者为想要采取行动改变全世界的人列出了一份资源清单，其中之一就是全球性慈善组织全球捐赠网（GlobalGiving）。在网上研究了之后，我对他们所做的事情印象深刻，于是我给首席执行官玛丽·仓石（Marie Kuraishi）发了电子邮件。我写道："嗨，我是弗兰，在《人物》杂志工作。我喜欢你们所做的一切，很愿意为你们提供帮助。"当我们见面时，我介绍说，多年来，我一直在电影地带、美国在线、人物网站等公司使用数字技术来为人们提供娱乐。现在，我有兴趣以更具影响力的方式利用同样的数字媒体，而这正是全球捐赠网正在做的事情。

我问玛丽该组织面临的最大挑战是什么，以及我的知识和经验可以提供哪些帮助。她立即说："我们是一家总部位于华盛顿特区的组织，我希望你能帮助我们扩大在纽约的支持基础。"我们一起想出了为全球捐赠网创建一个纽约理事会的主意，这个委员会是我和玛丽后来介绍我认识的布莱恩·沃尔什共同发起的。这是八年前的事了，从那时起我就一直在与全球捐赠网合作。我目前是他们的董事会成员，并担任董事会主席。我之所以会走上这条道路，完全是因为我决定与帕特丽夏重新取得联系。

随着我开始建立人脉，我也开始与科技创业界的人见面。我的朋友格雷格·克莱曼（Greg Clayman）知道我热衷于指导年轻女性，他告诉我："你需要见见索拉雅·达拉比（Soraya Darabi）。她曾在《纽约时报》做社交媒体工作，现在正在创业。她是一股力量。二十六岁时，她登上了《快公司》（Fast Company）的封面，被评为商界最具创造力的人之一。"

当我遇见索拉雅时，我们一拍即合。有一天，她对我说："我知道所有这些女性创始人都很难获得财务资源和指导。如果你能在这方面提供帮助，那就太棒了。"

我的直觉告诉我索拉雅是对的。转向投资会给我带来巨大的灵活性，考虑到当时我有两个小孩，我对此表示欢迎。它还可以让我做更多的指导工作，同时了解一个全新的行业。无论如何，由于我已经花了很多时间为初创公司创始人提供免费建议，因此对他们进行投资很有意义。这就是我如何从媒体转向投资的小故事。从那时起，我建立了十九家公司的投资组合，其中十六家是女性创立的。

我的总体观点是：如果我没有像帕特多年前建议的那样开始发展我的人际网络，我不可能取得今天的成就。我如何从那里走到这里的故事是一个完美的例子，说明当我们花心思与办公室外的其他人联系时会发生什么。

在受到发展我的人际网络的启发之前，我一直保持低调，主要专注于为公司做出贡献。我不是唯一一个这样做的人。在第二章中，我讨论了我们从小就接收到的信息，这些信息告诉我们要成为坐在办公桌前完成工作的"好女孩"。因此，我指导的许多"好女孩"都感到有义务"做正确的事"，而且是指对公司和团队而言的正确的事。对她们来说，这意味着尽可能努力工作并花尽可能多的时间在办公室。她们花时间承担额外的任务，解决其他人不想处理的问题，起早贪黑地忙碌着。正如我之前所说，像这样加倍努力并没有什么错，但如果它让你没有时间专注于发展自己和自己的职业生涯，那就会成为一个问题。这可不是友善的表现。这就是取悦他人。

当然，你必须做好你的工作，而且要干得出色，但要想获得成功，你需要做的比这更多。你还需要主动联系那些没与你每天共事的人。如果没有这些关键联系人，你很容易陷入孤立，因为那些能够帮助你取得成功的人——以及你最能帮助到的人——不知道你有多优秀、你真正的兴趣是什么，或者都不知道你的存在。

　　我见过很多"友善女孩"，她们觉得自己有义务整天埋头干活，结果却陷入了没有出路的工作，甚至更糟——当她们丢了工作时，她们感到绝望。换句话说，许多女性感到有压力，感到自己有必要更关注群体利益（团队或组织）而不是个人利益（职业和个人发展）。这种压力在我调查的女性的以下陈述中得到了呼应：

　　　　·"每当我离开办公室去开会时，我都会感到内疚，好像我的同事会认为我偷懒。当我五点离开办公室去接孩子时，我感受到了别人不友好的目光，这让情况变得更糟。"

　　　　·"我告诉老板我想参加公开演讲课程，但他拒绝了，因为他认为这与我目前的职位没有直接关系。但如果我不发展自己的技能，我该如何在未来某一天成长为新的角色呢？"

　　　　·"我很喜欢建立人际网络的想法，但我就是没有时间。我已经每周工作八十个小时了。我怎么才能把这个计划放进去？"

　　我曾经也有过这样的感觉。但我在自己的职业生涯中逐渐认识到，在成为一名团队合作者的同时，仍然保持头脑清醒、专业成长、与他人建立联系并思考自己的未来，这是可能的。抽出时间专注于你的职业发展并不意味着你做错了事或背叛了你的雇主！当你外出社交时，你从别人那里学到的东西可以让你和你的公司受益。更好的事情是，一旦你决心离开办公桌并与周围更广阔的世界接触，那些让你变得友善的特质就会为你带来优势。我自己的经历可以证明，一旦你迈出这一步，人们就会愿意帮助你、与你合作并支持你的发展。

为了在整个职业生涯中持续保有价值，并在成为"优秀"团队成员和专注于我们自己的职业发展之间取得完美平衡，我们都应该做三件事：

- 投资自己；
- 建立你的网络；
- 将多个点进行连接。

✦ 投资自己 ✦

为了投资自己和未来，你必须在公司内部建立良好的关系，开展可能播下未来种子的业余活动，并掌握行业趋势。

1. 在公司内部建立良好的关系

每次茶歇和午餐都应该成为结识朋友、分享想法、建立新纽带和巩固关系的机会。不要整天埋头在办公桌前完成工作。通过与同事会面，你可以了解公司是否有你可能想进入的其他领域。另外，与可以帮助你更有效地完成工作的其他人建立联系对你和公司都有好处。

大多数大公司都有围绕性别、职能、种族或性取向组织的业务资源组。当你参加一个或者多个部门的商务会议时，请避免坐在你已经认识的人旁边。如果会议中有人正在做一个有趣的项目，请他喝咖啡。当有跨职能项目时，主动提供帮助。进入公司的不同部门可能会让你看到你从未想过要追求的职位或职业。至少，它将帮助你更有效地完成工作，因为你将与其他部门的同事建立关系。

2. 开展可能播下未来种子的业余活动

追求工作之外的其他兴趣。做志愿者。加入某个行业组织。你越追随你的激情，你就越能为你的未来播下种子。在时代公司任职期间，我加入了非营利组织的董事会，并试着进行初创企业投资。我在追随自己的兴趣，但同时也在播下种子。事实上，我今天仍在播种。虽然对初创企业进行投资和提供咨询是我的主要工作，但我也在写这本书并为电视节目《女性创业者》（Girl Starter）提供咨询。这是我指导和投资女性这项兴趣的进一步发展。如果你通过办公室以外的活动拓宽视野，你最终可能会爱上其中一个领域，并将其作为你职业的下一篇章。

3. 掌握行业趋势

你能做的最重要的事情之一就是关注文化力量和行业趋势。这样做有两个关键原因。

首先，如果你发现一种趋势可能为你的公司带来收入机会（也许是一种新的消费者行为或新兴技术），请主动请缨去领导一个追求该趋势的团队。正如你在第二章中所读到的，这是为你自己和你的公司创造机会的好方法。

如果你在公司工作的时间不够长和／或缺乏成事的政治资本或可信度来启动某项工作，这意味着你必须努力证明这里有机会。也许你可以先与涉足该领域的其他同行聊天，了解他们的早期成果。

其次，研究行业趋势很重要，这样才能保持与时俱进。我指导过的一位名叫艾丽西亚的女士遇见我时，已经在一家小型广告公司工作了十年。她一开始是一位合伙人的助理，后来逐渐成为一支创意团队的负责人。再后来，合伙人决定将公司出售给一家更大的公司（这是一种行业整合，广告业在数字化进程里都经历了这个过程）。

艾丽西亚不喜欢新老板，也没有他们青睐的数字工作经验。然而，当她想要离开的时候，她却又不知道从何开始。她每天都重复着回复电子邮件和参加会议的工作。因为她热爱自己所做的事情，所以她没有去接听招聘人员的电话，也没有费心去跟上行业的数字化转型。现在她很惊慌。

为了避免像艾丽西亚一样，你必须跟上行业的新节奏。我们中的许多人都会因未雨绸缪而感到自己对公司不忠诚或好像只顾着自己，但残酷的事实是，没有一家公司会回报你的忠诚。你必须把自己的职业发展放在第一位。

✦ 建立你的网络 ✦

自从我听到帕特在时代华纳公司的演讲以来，我知道了人际关系网络可以成为我职业和个人成功的关键技能。是的，这可能令人生畏并且需要时间，但确实很重要。这是寻找能够帮助你进步、发展职业生涯并找到新的发展和实现途径的人员与机会的最有效方式。无论你是否想离开你的组织，它都可以为你提供帮助。

我遇到过很多"友善女孩"，她们对社交的概念感到不舒服。我的一些学员将其描述为一种"有用"的感觉，就像你社交的目的只是利用他人，而这对她们来说并不真诚或不舒服。

如果你对社交感到矛盾，请记住，当你与人交往时，你不是在利用任何人，也不是在为他们服务。人脉是一条双行道，或者更准确地说，正如这个词所暗示的那样，它旨在创建一个连接网络——这些网络可以帮助你，也可以帮助网络中的其他人。

初创公司发现传媒（Spotted Media）的首席执行官珍妮特·科梅诺斯（Janet Comenos）最近与我分享了一个很好的例子，恰好解释了帮助别人如何最终帮助了自己。这是一个典型的故事，讲述了"好女孩"如何能够并且经常首先完成比赛。她当时正在参加一个社交活动，并感到内疚，因为她本来应该准备筹款演讲稿。（听起来很熟悉？）她注意到角落里有一个年轻人，没有人与他说话，所以珍妮特走过去了解情况。原来他正在寻求销售方面的帮助，而这正是她的专业领域。他问她是否愿意来他的办公室与他的团队聊一聊。尽管很忙，她还是答应了，并与他的团队一起度过了两个半小时。

珍妮特很乐意帮这种忙，因为当她创办公司时，很多人都对她很慷慨，所以她把这种活动作为优先事项。事实证明，这种付出对珍妮特也有好处。这位年轻人非常感激她，他为她介绍了搭建公司的平台，还为她联系上最后成为此轮投资方的领导。这是一个完美的例子，说明网络如何能够使所有相关方受益——当然，它也显示了真诚善意的力量！

如何让高管招聘人员知道你的名字

与招聘人员的关系可以帮助你找到工作，根据他们提供的市场数据协商更高的薪水，甚至找到你可能从未考虑过的机会。但你如何才能与他们联系上呢？

事实上，这并不像你想象的那么困难。请记住，招聘人员的工作依赖于他们自己的人际网络，因此他们总是渴望结识更多的人。以下是发展这些关系的三种非常简单的方法：

1. 研究你所在领域的顶尖招聘人员，并通过领英上面的共同关系与他们联系。

2. 通过询问你的朋友和同行，找出你所在领域的顶尖招聘人员。每次与同事共进午餐或喝咖啡时，请询问他们："我有兴趣与招聘人员建立联系。你知道有什么人可以推荐吗？"

3. 参加你所在行业的相关会议。这是招聘人员经常去寻找人才的地方。

1. 有意建立网络

当你建立人际网络时，你可以做一些具体的事情来确保你尽可能有效地做到这一点。

1）不要害怕询问

在最近一项针对男性和女性的调查中，研究人员发现，女性总体上在社交方面的目标导向性较低——她们专注于寻找共同点和缓慢开展社交，而男性则可以毫无顾虑地接近某人并直接表明来意。

"男性通常会更清楚地了解自己想要实现的目标，并且非常关注自己的职业需求，"灯塔愿景策略（Lighthouse Visionary Strategies）公司的凯茜·戈达德（Cathy Goddard）指出，她多年来一直经营社交团体活动，"女性通常采取无私的态度，更倾向于考虑自己可以为他人提供什么。她们在提出自己想要的东西时犹豫不决，而男性则更愿意直接提出要求。"

只要你不陷入不断给予和付出却不向与你交往的人索取任何回报的陷阱，为人着想就不成问题。请记住，那条双行道也为你服务！除了你能提供什么价值之外，确保你清楚自己的愿望和"要求"。

例如，在最近我参加的每次会议上，我都会问："当我要进一步为我的书制订营销计划时，我很乐意询问你们和寻求支持。"我会根据对象去量身定制对话内容。如果他们在一家大公司工作，我会说："当这本书出版时，我很乐意去贵公司谈谈这本书。"如果我和记者见面，我会说："如果你能报道这本书，我会很高兴。"其中许多人都积极反馈了他们自己的想法，告诉我他们可以如何提供帮助——但如果我最初没有明确提出我的要求，他们可能不会想到这样做。

2）使你的人际网络多样化

男性和女性都倾向于建立由同性组成的网络。我们会被相似的人吸引。这是一种普遍趋势，但如果你不能把网络延伸到更多人，你可能会错过很多机会。

占据高层职位的依然经常是男性。《哈佛商业评论》发表的新研究表明，晋升企业高层的女性比男性少的原因之一是，她们没有像男性同行那样及时知道职位空缺。

"男性往往在组织中担任最高职位，因此，从结构上来说，他们更有可能在公司里知道职位空缺或机会，并将这些信息传播到他们的网络中，"佐治亚大学的丽莎·托雷斯说。换句话说，男性将职位空缺信息传递给他们以男性为主的人际关系网络，因此消息可能要经过几位男性才能传递到女性。

为了创造公平的竞争环境，我们必须在我们的人脉中加入更多的男性，尤其是地位较高的男性，并明确我们的利益和能力，以便这些人在机会出现时首先想到我们。你的人脉中有多少男性？谁可以帮助你与更多人建立联系，尤其是能帮助你前进的人？

我人生中一些最重要的导师都是男性，从可口可乐公司的拉马尔·切斯尼（Lamar Chesney）到电影地带的亚当·斯卢茨基（Adam Slutsky）以及时代公司的保罗·凯恩（Paul Caine）和大卫·盖特纳（David Geithner）。拉马尔给了我机会，提拔我。当时的我还没有做好准备。亚当鼓励我转向数字媒体。保罗和大卫是《时代》杂志的权力人物，与公司首席执行官和其他高管关系密切。他们是最先了解与重组和新机遇相关的信息的人，作为我的守护者，我当然从这些信息中受益匪浅。

当然，我没有建议你在事业攀登后就忽视女性同胞。我最重要的优先事项之一是将女性纳入我的人际网络并支持她们。如果我们中有足够多的人这样做，这将对平衡领导职位中的男女比例大有帮助。

2. 将拓展人脉付诸行动

为了让你了解如何从办公桌旁站起来并采取行动，我们回到艾丽西亚的事例。正如你之前所读到的，她发现自己陷入了困境，她没什么人脉，而且在一家才被收购的广告公司工作，这份工作看起来像是没有出路的。她来找我寻求帮助，以寻找新工作。以下是她开始建立人际网络所采取的三个步骤。

第一步：制定网络策略

首先，我们讨论了两种网络——开放式网络和有目的的网络。建立开放式网络是建立你的人脉网络，而建立有目的的网络是在你的人脉中识别出能够帮助你获得你所需要的东西的人。为了成功，你需要同时建立这两种网络。然而，如果你没有一定的开放式网络储备，你几乎不可能建立针对某个特定的人去寻求帮助的有目的的网络。

我让艾丽西亚想想她认识的那些人中，有哪些人的工作是她所欣赏的。虽然艾丽西亚没有庞大的人际网络，但她确实与有些人有一些联系——她只需要弄清楚他们是谁并开始联系他们。她首先创建了一张思维导图，绘制了她所拥有的联系人以及与他们有联系的所有其他人。

艾丽西亚的思维导图为她提供了一个起点。然后，"热情介绍"的力量——熟人的介绍——则让她能够从导图上的一个人找到另一个人。对于工作忙碌的人，热情的介绍是信任的一种简写。如果你们是由共同的熟人介绍的，那么那个人就在某种程度上为你提供了担保。你很少会收到"冷冰冰"的电子邮件式的回复；同样，如果你收到这样热情的介绍，相信你也不会不理不睬。

如果你想知道如何请某人为你做介绍，以下是我最近收到的一位年轻女士发来的一封电子邮件的示例，我认为这封电子邮件措辞特别得体且有效：

　　"你好，弗兰，希望看到这封电子邮件时你一切都好。
　　会主动联系你是因为我对申请某某公司的某某职位非常感

兴趣。我注意到你与该公司的某某有联系。我想知道你是否足够了解她，是否有可能将我的名字和简历传递给她。我知道建立人际网络是求职过程中非常重要的一步，如果你有能力帮助我建立这种联系，我将不胜感激。"

我回复道："你能给我发一封可转发的电子邮件并附上简历吗？我很乐意为你发送！"就这样，这位年轻女士得到了一份有分量的介绍，帮助她触达她梦寐以求的公司。

制定网络策略后，你需要设定网络目标。你想认识什么类型的人？目的是什么？你多久会"出去"一次？最后，你的社交网络中有多少是技术辅助的，有多少是传统的面对面社交？

当艾丽西亚决定把建立人际网络作为她的首要任务时，她确定了自己的目标是结识有潜力成为导师的知名广告专业人士，为她提供机会，让她在广告界成为值得认识的人，更理想的情况是为她提供应聘机会。她决定告诉汤姆——她在公司最亲密的合伙人，她希望另谋出路（他已经离开了公司）。

艾丽西亚请求汤姆不仅可以将她介绍给行业重量级人物，还可以邀请她参加可能"超出她的能力"的行业活动。这需要一些勇气，但汤姆非常尊重艾丽西亚，因为她为他工作了十年，他非常乐意这样做。汤姆拥有庞大的人际网络，与行业中的各种有影响力的人物都有联系。

但艾丽西亚不能仅仅依靠汤姆的人脉。她需要通过寻找其他可以建立人际网络的地方来扩展自己的人脉。领英等技术平台和特定行业的在线社区可以而且应该成为你的网络战略的重要组成部分。研讨会、产业活动和聚会也应该如此。订阅与你感兴趣的行业相关的电子邮件列表和在线群组。许多会议和活动也有自己的社交网络群组。注册、关注并参与这些会议和活动。

诚然，并非所有行业都会频繁举行会议或聚会。你可能需要更加努力地寻找"露面"的机会，参加讲座、读书并寻找与人面对面交流的机会。你还可以考虑创建自己的网络社群。我告诉艾丽西亚，我认识的一位女士组织了两个不同的团体来聚集同样有事业心的年轻女性。在一组团体中，任何与工作无关的谈论都是被禁止的。在另一个她称之为"向后靠"的圈子里，与工作相关的谈话则是被禁止的。艾丽西亚很喜欢这个想法，并成立了两个自己的小组。

此外，艾丽西亚找到了几个专注于她的行业的网络团体，包括纽约女广告人组织，并开始参加他们的活动。一旦她确定了自己想见的人，汤姆和其他人就开始热情地为她做介绍，她也规定自己必须留出足够的时间来建立联系。她知道这必须是优先事项，否则她不会做。由于她正在追赶之前落下的进度，时间至关重要，因此她决定每天投入一小时的时间进行社交。

第二步：出现

出现意味着物理上出现（或指在线社交时虚拟地出现），但它的意义远不止于此。如果你去参加社交活动却只是站在角落里盯着你的饮料，没有人会注意到你。更糟糕的是，人们可能对你形成负面印象。如果你很害羞，那你需要很大的勇气才能让自己自信地出现并让别人知道你的存在。你也许会惊讶，但我本人其实很内向，所以我知道这有多难。

艾丽西亚决定不和朋友一起去参加活动，因为她知道如果这样的话，她最终只会和朋友说话，而不会结识任何新人。她遵循了我给她的一些破冰技巧（如下），并提前准备了她的谈话要点。因为她知道自己很容易帮助别人而忘记自己的议程，所以她暗下决心，一定要明确自己在寻找什么（广告业的新机会），并与她交谈过的每一个人提及这件事。

介绍和破冰的重要技巧

我知道参加一个活动并向完全陌生的人介绍自己是多么令人恐惧。谈论自己而不让人觉得自己在吹嘘或显得自负可能会更加困难。对我来说，制定具体的策略来介绍自己并打破僵局而依然感觉在真实做自己非常重要。以下是我的主要建议。

1. 让对话围绕对方展开

这种策略对于"好女孩"尤其有效，她们对所遇到的人真正感到好奇，并且不想让人觉得她们在自吹自擂。如果你害羞的话，这种策略也非常有帮助。你所需要做的就是提出一个初始问题或评论，然后让对方说话。如果可能的话，请提前做功课，看看谁会参加你想与之建立联系的特定活动。然后尝试以下开场白之一：

·"我听说你正在研究某某方面。这太令人兴奋了，我很想听到更多相关信息。"

·"我一直关注你的职业生涯并且是你的忠实粉丝。"

·"你最近正在做什么让你感到兴奋的事情？"

·"我们上次见面时，你正在做某某事情。关于那件事，后来怎么样了？"

即使你在活动中不认识任何人，这个策略仍然很有效。在这种情况下，请相应地调整你的开场白：

·"你怎么认识主持人的？"

·"什么风把你吹到这儿？"

·"这是你第一次参加这些活动吗？"

2. 寻找共同点

如果你事先做了功课（你应该这样做），你很可能会发现自己与想要建立联系的人有一些共同点。如果是这样，那就是一个很好的开场白。尝试以下其中一项：

·"我发现我们都认识莎莉·史密斯。她好厉害不是吗？你怎么知道她的？"

·"我在领英上注意到我们上的是同一所大学！你在那里的经历怎么样？"

·"我发现我们都从事数字媒体工作。当前的哪些趋势最令你兴奋？"

3. 获得介绍

如果你认识活动的主持人或其他参会者，你可以请教她："你认为我应该与谁建立联系呢？"她很有可能会把你介绍给一些人。就算没有，何不请求她这样做？如果她建议你去见一个特别的人，你可以这样回应："这是个好主意，谢谢。你可以把我介绍给她吗？"这种面对面的引荐与热情的电子邮件引荐一样有价值（甚至更有价值）。

谈及网络社交，你不仅仅要阅读论坛中的文章，还要积极发表评论和参与讨论。你需要在推特上关注别人、转发他们的信息、与他们互动并在他们的博客上发表评论。用你真诚的友善来建立真正的联系。我的朋友特蕾莎·内梅萨尼是微软的常驻企业家，她从管理咨询行业进入了科技领域，采用了一种她称之为"一百场活动，一千条评论"的策略。

特蕾莎沉浸在她想加入的行业的在线生活中。随着她逐渐了解玩家和主题，她开始在博客上发表评论，为自己设定了发表一千条评论的目标。她认为这个目标足以让她在该社区中广为人知。她还设定了同期参加一百场行业活动的目标。这些活动包括聚会、推介活动，甚至是通常要花费不少的会议，但她打电话给组织者，询问如果她在会议上志愿工作几个小时，是否可以免费参加。很快，所有这些活动都带来了很多的"咖啡聊天"，她将其纳入了实现目标所需的一百个活动中。她目前在微软的职位证明了她的策略显然有效！

当然，还有很多其他方法可以给人留下良好的第一印象。不久前，我在一个大型会议上发表讲话。演讲结束后，想和我交流的人络绎不绝。但有一位女士很显眼。她脸上挂着灿烂的笑容，风度翩翩，充满自信。她还带着一份礼品袋。"嗨，弗兰，我是我的社交创意空间品牌（My Social Canvas）的丽莎·梅耶尔（Lisa Mayer），"她一边说，一边伸出手与我握手，"我知道你对支持年轻女性和女孩的事业有多么投入。我正在做一些令人兴奋的事情，我很乐意与你分享。"然后她把礼品袋递给我。

丽莎和我之前是通过电子邮件认识的，但我太忙了，一直没能与她见面。当我了解更多后，我对她正在做的事情感到振奋。她需要一个也关注女性问题的非营利合作伙伴，所以我把她介绍给了女性权益先锋公益组织（WomenOne）的戴尔·哈登。

此后，他们共同为丽莎的我的社交创意空间品牌的设计师举办了《天桥骄子》风格的竞赛（该倡议后来被称为"#Design4Her-Education"），该竞赛由名模克里斯蒂·特林顿（Christy Turlingto）、女演员凯莉·卢瑟福（Kelly Rutherford）和时装设计师凯瑟琳·马兰德里诺（Catherine Malandrino）等名人担任评委。丽莎的友善非常有魅力，也给她的生意带来了回报。

像丽莎一样，你每天都需要自信地工作、聚会、参加咖啡聊天、在志愿者岗位工作，展示你最好的一面，愿意结识新朋友，介绍自己，解释你的来意。露面就能够让你占据一席之地，也能为自己代言。

你太害羞了，不知道该说些什么，不确定你能不能像丽莎一样勇敢地向新联系人介绍自己吗？尝试与朋友进行角色扮演，在镜子前练习，甚至参加公开演讲课程来提高你的人际交往技能。

第三步：建立个人联系

丽莎不仅用她的魅力和善良引起了我的注意，她还成功地发现我正是她想结交的合适人选。如果我对她所做的事情不感兴趣，再多的礼品袋也无济于事。但她有一个与我联系的计划。当你处于"有目的的"社交模式时，你可以而且应该制定类似的计划。

请注意，丽莎对我进行了研究，并且知道我热衷的问题。背景调查至关重要。艾丽西亚在寻求广告职位时也做了同样的事情。当她的前老板热情地给她联系相关人员后，她就花时间在网上研究每个人，并思考如何为他们提供真正的价值。

在参加任何社交活动之前，请先阅读与行业交易相关的新闻。更好的做法是，定期了解这些动态。随时准备好讨论这些内容。如果你要与特定人员会面，请务必事先查看他们的推特、领英和博客。这种准备会让你在见面聊天时充满信心。

如果你在建立人际网络时仍然感觉不好意思提出请求，可以用善意的帮忙来交换。当我结交朋友时，我总是尝试思考是否可以以任何方式提供帮助。如果我与新朋友一对一交流，我可能会直接问："我能提供什么帮助吗？"在更随意的会议和大型活动中，我会在合适的时候询问。能够以某种方式提供帮助并不是为了取悦别人，而是让我有机会在之后联系他们时更为自然坦荡。即使第一次联系没有产生任何深刻的意义，我仍然在构建一个有价值的关系网络。

在遵循所有这些建议几个月后，艾丽西亚最终遇到了一位刚刚创办广告公司的女士，她对艾丽西亚在建立创意团队方面的经验印象深刻。她邀请艾丽西亚加入她的公司。尽管艾丽西亚现在热爱自己所做的事情，但她也吸取了教训。她继续参加社交活动并扩大自己的人际网络，当变革之风再次吹起时，她就不必感到手足无措了。

✦ 将多个点进行连接 ✦

职业成功越来越不仅仅取决于你在电脑前埋头干活所花费的时间，还取决于你与他人联系、吸收外部观点和团队合作的能力。在如今这个万物互联的世界里，这些是基本技能，因为没有人和任何事物存在于真空中。这意味着将想法、企业和人员之间的点连接起来。当你把投资自己时学到的所有东西与你惊人的人际网络结合起来时，你就会把这些点联系起来。例如，你发现了一种新趋势，然后利用你的网络寻找合作伙伴与你一起开发新产品。

作为一个"友善女孩"，只要你从办公桌旁站起来，你就有优势，因为很多这种联系都需要用到你一生在培养的交际能力。但如果你不投资自己和人际网络，你就不会拥有将各个点联系起来的经验和见解。

我在数字领域的职业生涯要归功于能够成功地将这些点连接起来。1998 年，我担任可口可乐公司纽约分部的财务总监。当时我三十岁，为世界上最受尊敬的公司之一管理着一支一百多人的团队。我没有想过要离开。但有一天，我接到一位高级人才猎头的电话，希望我在电影地带担任财务高级副总裁一职。我不知道电影地带是什么，但后来了解到这是一个基于手机的电影放映时间和票务服务的公司（又名1–800–777–FILM）。

在与这位猎头的讨论中，我最感兴趣的是电影地带计划如何扩展到互联网。这将是第一家提供在线电影放映时间和票务服务的公司。那是 20 世纪 90 年代末，正值消费者开始转向互联网进行购物和娱乐等活动之时，我看到了一个令人兴奋的机会。因此，我同意与电影地带的首席运营官兼联合创始人亚当·斯卢茨基会面。我立刻就喜欢上了他，并觉得我可以从他身上学到很多关于网络空间的知识。我可以看出，这个新角色将让我有机会在当时的金融领域之外尝试一些更具创业精神的事情。

在可口可乐这样的大公司里，从财务转向营销是非常困难的，甚至是不可能的。初创公司有更多的灵活性。我在可口可乐公司的同事认为我离开一家如此稳定的公司太疯狂了，但我很高兴我实现了这一飞跃，因为它引领我在数字领域开启了全新的职业生涯。回想起来，我发现我之所以能够发现这个机会，从根本上来说，是因为我从办公桌上抬起头来，与招聘人员建立联系并关注行业趋势，然后将它们之间的点联系起来。

后来，当我到时代公司工作时，我告诉我的团队成员要多和我交流，尤其是关于我们可以利用的机会或我们需要克服的主要障碍。每当他们出现在我的办公室门口时，我的第一个问题总是："你和我们公司以外的人谈过吗？"你不需要从头开始。其他公司的最佳实践是什么？它们在这个领域里做了什么？不要因为在办公室之外花费时间而感到内疚或不忠诚。

请记住，你向公司提供所有这些信息是在为公司提供服务。去参加会议，与人们喝咖啡，带着新鲜的想法回来，并提供更多的价值，因为你已经投资了自己，建立了人际网络，然后将这些点联系了起来！

要　点

· 你必须寻找时间投资自己的职业发展。这并不自私——而且对你工作的公司也有好处，因为你会为公司带来额外的价值。

· 通过追求工作之外的兴趣或爱好为你的未来播下种子。

· 在建立人际网络时，虽然关注人际关系很好，但也要尝试明确你的"要求"来达成互惠互利。

· 承诺自己要定期安排社交咖啡、午餐或饮料。是的，这确实需要花时间，但它很重要。

· 将你在自我投资时学到的技能和信息与网络中的人配对，再将这些点连接起来。

第八章

设定界限和
关心他人

当我在可口可乐公司工作时，只要有快下班时的临时任务，我总是第一个自告奋勇熬夜完成的人。当时我认为这是一件纯粹的好事，因为我表明了自己的上进心和奉献精神。在大多数情况下，这确实是一件好事。像我这样站出来，确实会给我增加存在感，但在这个过程中，我没有意识到我也制造了别人对我总会完成临时任务的期待。

某天下午，大约5点，我正在与整个部门开会。我的老板刚刚收到首席执行官的指示，要求我们的团队在当晚编写一份报告，他早上的第一件事就是需要看到它。这次，我的老板甚至没有询问大家的意愿，而是直接转向我问："弗兰，你今晚能熬夜完成报告吗？"一时之间，我有些茫然，不知道该如何回答。我突然意识到我之前太配合了。因为我总是表现得渴望承担更多责任，我留下了这种印象，而现在我的老板希望我随时待命。

我熬夜完成了报告。这不是世界末日，但我忍不住对这种情况感到有点怨恨。另外，我担心下次发生这种情况时仍然不知如何处理，因为我知道它不可避免地会发生。于是，不知所措的我联系了公司另一个部门的导师，解释了我的困境。她毫不犹豫地说："弗兰，你需要设定界限，否则人们会继续利用你。"

这是我第一次在工作环境中听到"界限"这个词。我向我的导师解释说，我想表现得体贴、乐于助人，并确保我不会给人留下懒惰或不合作的印象。她回答说："我理解这一点，但如果你不划清界限，人们就会得寸进尺。另外，你所有的同事都会看到这一点。如果你不为自己挺身而出，他们会认为他们也可以利用你。"

我以为这件事以后，只要当我的老板要求我完成时间紧急的工作任务时，我就能立场坚定并坚持自己的界限。但事实上，我又花了一段时间才决定向老板表达我受够了。那天老板把我叫到他的办公室，又让我留到很晚写报告。我已经和导师练习过在这种情况下要说什么，所以我打算友好而坚定地回应，同时用一点幽默来缓和这次谈话。我说："我一直在纠结如何和你谈论这件事。在过去的两周里，我好几次都得在最后时刻放弃自己的计划留下来熬夜。我怕我男朋友要跟我分手！而且说实话，我觉得这对于团队中的其他人来说也是一个参与工作的好机会。"我的老板一开始吃了一惊，然后他说："对不起，弗兰，我只是假设你总是自愿做这些事情，我想我只是习惯了找你处理。"

我已经知道我是造成这种局面的同谋。但直到下周，当下一个临时任务出现时，我才完全理解这种情况到底有多么复杂。这次，我的老板再次将团队召集到会议室，并要求我的同事乔什熬夜处理该项目。我内心的绝大部分松了一口气，但我承认也有一小部分我感觉被忽视了。我自然而然地会担心自己错过了一个机会。对自己想许的愿望要小心，不是吗？

最后，我打消了这个疑虑，并提醒自己要对自己的贡献充满信心，以后会有更多的机会承担额外的工作；我不必每次都这样做才能证明我的价值。在这之后，我的老板更好地分配了这些任务，我也逐渐获得了维护自己界限的信心。

我并不是想阻止你挺身而出并自愿承担责任，尤其是在你职业生涯的早期，当你想给人留下好印象时。但重要的是要看看与同事相比，你受到的待遇如何。如果你被要求比他们更频繁地"参与"或"帮忙"，你要确保自己没有被利用。

在工作中划清界限，帮助你排除无关紧要的任务，专注于重要的事情，这一点也至关重要。如果没有清晰的界限，人们很容易陷入无关紧要的琐事之中，让重要的事情从指尖溜走，特别是如果你是一个"友善女孩"，总是想取悦于人，从不拒绝别人。

当然，这并不是一个只存在于我们职业生涯中的问题。

在我们倾向于优先考虑人际关系和说"不"会被认为自私或刻薄之间，设定界限并坚持这些界限——并且做到得体——可能会非常困难。以下是我调研的一些女性的说法：

> ·"我发现很难对别人说'不'，但接下来之后我就会感到压力很大且变得很忙，无法履行我的所有承诺。"

> ·"我在工作和个人生活之间保持着严格的界限，但我担心这会伤害我，因为人们认为我不友好或者是个泼妇。"

> ·"我忙于完成无聊的行政任务，似乎永远找不到时间专注于大型的、重要的项目。我怎样才能平衡呢？"

✦ 设定界限的四方格模型 ✦

有了可口可乐公司的经历后，我逐渐能够更好地设定并维护工作界限。但这是我从未停止学习的东西。许多年后，我的界限再次受到很大的挑战。

当我刚收养了次子还在休育儿假时，我了解到公司刚刚任命了一位新首席执行官。好几位同事都给我发电子邮件说："你最好快点回来；她正在发展一些核心的关系，而你会错过这个机会。"

由于担心错过与新任首席执行官建立联系的机会，我缩短了育儿假并重返工作岗位。但回顾整件事以后，我发现这没有必要，也不是策略性的行为。我本可以联系首席执行官并约她共进一次午餐来建立联系，然后继续休假。相反，我因为害怕错过，被这种情绪左右了我的决定，我的界限不复存在了。

现在我又回到了工作岗位，从事着高强度的工作，而且家里还有一个十八个月大的孩子和一个新生儿。我不知所措，以至于我进入了所谓的"交易模式"。我非常想通过完成一个又一个待办事项来获得成就感，所以我把所有的时间都耗费在处理小任务上，而没有专注于做更重要的大任务。

例如，我工作的重点应该是撰写向高层人员展示的季报，但我一直在拖延，并将时间花在不太重要的任务上。当我和一位导师谈论我忙碌但效率低下的日子时，她非常直率地说："你需要选择对你真正重要的事情。"我意识到我陷入了与在可口可乐公司时一样未能设定界限的陷阱——只是这次的表现有所不同。我再次认识到，设定界限并善意、清晰地沟通比承担太多事然后后悔有效。

当我有一个具体的计划要遵循时，我的工作效果最好。所以，一旦我决定更好地设定界限，我就需要强迫自己创建和维护一个框架。这意味着客观、诚实地审视我最想专注的地方。一旦我弄清楚了这一点，我就可以制定一个计划来减少与我的优先事项不符的承诺。

我坐在办公桌前，在一张大纸上画了两条线——一条垂直，一条水平。在这两条垂直相交的线形成的四个方格中，我分别写下了生活中对我很重要的领域。它们是：我、家庭、事业、世界。然后，在每个方格中，我写下了与我生活的那部分相关的最重要的优先事项，并且每个方格中最多有三个优先事项。我知道这会促使我对一些事情说"不"，以维持我的界限。我的目标是让这些优先事项占据我的大部分时间（最好是80%左右），并将剩余时间分配给需要处理的行政任务。

但当我退后一步并查看我的方格时，我立即明白我的日历和待办事项列表与我确定的优先事项并不一致。我开始改变我的日程安排和计划，对一些与需求不一致的请求说"不"，并且委派出去一些事情。

这个四方格模型变成我决策和制定计划很重要的一环。自从我开始使用它以来，我花在每个方格上的时间每个月都在变化。有些月份我更专注于工作，有些月份我更聚焦于家庭。每隔两周，我检查一次，以确保我的日历符合我设定的优先事项。每个季度，我都会彻底重新审视我的四方图，以确定是否需要改变我的优先事项。这就是现在的样子：

我	家庭
·心肺训练 ·冥想	·抚养孩子的过渡期 ·新的体验
事业	世界
·书籍 ·推销我投资组合里的初创企业	·"让女孩被听到"这一组织的筹款人 ·学区基金会发起者

当然，这只是我的四方格模型，你的会有所不同。想想你现在生活中最重要的领域。职业（或学校，如果你还在上大学或研究生院）几乎总是占这四个方格中的一个。其他的可能和我的不太一样，它们可能是你的爱好、杂事或者特别有激情的计划，社交或者政治主张、继续教育，又或者某一段关系。

即使采用我的四方格模型，去平衡我在责任和热情之间的时间仍然是一场持续不断的斗争，尤其是作为一位职场妈妈。在采访中，经常有人问我如何"平衡一切"，或者如何"做到这一切"，我诚实的回答是我做不到面面俱到。我只能尽力做好那些对我来说真正重要的优先事项。四方格模型只是帮助我定义并不断重新评估对我真正重要的东西是什么。

我最近与一位名叫莎拉的学员进行了交谈，她二十多岁，在一家广告公司做媒体策划，我帮助她创建了自己的四方格模型。莎拉的方格中是：我、朋友和家人、职业、政治活动。我们首先讨论了她当前的优先事项。她正在考虑加入她朋友父亲的竞选团队，涉足政坛，而她朋友的父亲正在竞选她家乡的市长。她还有一位密友，刚刚与交往四年的男友分手，莎拉希望在接下来的几个月里优先花时间与她的朋友在一起。在她的职业生涯中，莎拉意识到她没有花足够的时间来建立自己的人脉，因此她想将此作为优先处理的内容。但是也有一些很重要的健康问题需要处理，需要将其放在"我"的这个方格中。

接下来，我们查看了莎拉上个月的日历和待办事项清单，发现她只花了大约四分之一的时间在对她重要的事情上。她需要重新调整她的日历和待办事项清单，这意味着要仔细审视她需要放弃的事情。莎拉为她朋友的教会青年团体做了很多社区服务工作，她对此感觉很好，但这与她的优先事项并不相符。她决定减少这方面的投入，以便专注于政治活动。

我们讨论了如何让她不再花这么多时间参加各种青年团体的会议和活动，而是以费时少、有影响力的方式提供帮助。她告诉她的朋友："我手头有很多事情，但我很乐意帮助你。我认识当地的一位新闻编辑，我可以把他介绍给你，这样你就可以让你的组织得到一些新闻报道了。"她再次划定了界限，同时又体贴、乐于助人，没有让任何事悬而未决。

　　与此同时，在工作中，莎拉的一位同事正在领导公司食堂改造项目，并招募莎拉加入她的行列。这花费了她很多时间，但这并不能帮助她实现职业目标，因为团队中没有人可以从建立人际关系网络的角度对莎拉有帮助。我们讨论了莎拉如何在不损害团队利益的情况下摆脱困境。她在工作中还有另一个朋友，她知道与团队中的某个人建立关系会让这个朋友受益匪浅，所以莎拉去找她的朋友，问这个朋友是否愿意接替她的位置。然后她去和团队负责人说："这是我很乐意效劳的事情，我也很感激有这个机会，但我现在需要专注于其他紧迫的事情。好消息是我已经找到了合适的接替人选。"

✦ 在你的职业生涯中设定界限 ✦

　　工作与生活的平衡对每个人来说都是一场战斗，尤其是女性，虽然这是我非常关心的一个主题，但这不是这本书的重点。我推荐蒂芙尼·杜夫（Tiffany Dufu）的《失球》（*Drop the Ball*）和安妮·玛丽·斯劳特（Anne-Marie Slaughter）的《未完成的事业》（*Unfinished Business*），可以获得有关此主题的具体建议。在这里，我将重点讨论如何设置界限来保护你的工作时间，以便你可以将大部分时间花在职业领域的首要任务上。以下是一些对我有用的技巧。

1. 明确你的目标

当我最初创建我的四方格模型并完成职场部分时，我发现自己想写下一百万件事。于是，我逼自己限制在三个项目，这些才是我的首要任务，它们是：收购（确定在电子商务领域要收购的公司）、利用社交媒体来扩大我们的受众以及实现我们的收入目标。

在开始划定界限之前，你需要根据公司目标和个人职业目标明确自己的优先事项。这将帮助你决定对什么说"是"，以及要委托、拒绝或搁置什么。如果你不确定工作中的优先事项应该是什么，那就尝试一下与你的老板一起讨论。试着说："根据公司的目标，我认为我应该关注这一点。你觉得这是合适的吗？"不要止步于此。你需要知道你所承担的每件事成功了是什么样子，这样你才能相应地确定优先顺序。如果你被分配了一个项目，并且在启动会议上没有明确讨论要达成什么结果，请举手问："这个项目的成功意味着什么？当我们完成后，什么会让我们感觉很棒？"这种直接的提问将大大有助于每个人想象具体目标。

2. 创建过滤器

一旦我知道我需要关注哪三个项目（收购、利用社交媒体和实现收入目标），我发现我需要找到一种方法来屏蔽无关的任务，这样我就可以将大部分时间花在这些项目上。那个阶段，我在时代公司领导着一百多人。为了确定优先级，我需要创建过滤器。

例如，我决定仅在涉及公司的战略合作伙伴或潜在交易会带来的收入超过一定数额的情况下才进行销售拜访。当初创公司团队想和我见面时，我的准则是我会与首席执行官会面，否则我会将会面委托给团队中的其他人。

我把我不打算做的事情清单称为我的"不做清单"，因为它们是根据一定标准被过滤掉的。看着这个清单绝对是一种解脱，它让我更容易做出决定，也更容易说"不"，因为我只是坚持我预先设定的个人原则。

我在慈善工作中也使用了同样的技巧。我对慈善事业如此热衷，以至于我很容易对所有事情都说"是"，并且让自己的精力过于分散。当我发现自己是三个不同筹款活动的主办委员会和两个组织的董事会成员时，我知道是时候筛选了。我决定我最有兴趣的事是帮助女孩和妇女，所以我决定首要关注的是这个领域。

清楚认识到这一点对我来说真的很有好处。它消除了决策时的压力和痛苦。最重要的是，它让我以一种简单而诚实的方式对需要被过滤的请求说"不"："这听起来像是一个很棒的事业，但我选择专注于为妇女和女孩赋权的组织，因为我发现这是我最能增加价值的地方。"

要创建你自己的过滤器，请返回你在四个方格中列出的目标和优先事项。如果某个会议或任务能够帮助你实现其中一个目标，那么自然你就可以答应，但如果不能，在说"不"之前，也请仔细考虑是谁提出了请求。如果是你的老板或可能会在以后对你有帮助的更高级别的人，那也要说"是"，因为这会帮助你发展你的人际网络。如果你处于初级职位，我知道你可能无法拒绝其他人（例如你的老板）要求你做的任务。在这种情况下，你的过滤器将有助于确定每日待办事项的优先顺序。

应用过滤器后，获得老板的支持是个好主意。你已经获得了老板对你的目标的认可，因此你应该就哪些任务最重要与其达成共识。在下次会议期间，尝试说："我真的想确保充分利用我的时间，并且我意识到我在 X、Y 和 Z 上投入了太多时间，但它们并没有增加公司的价值。我想让你知道，我计划降低这些事情的优先级，除非你认为它们增加的价值比我意识到的更多。"

3. 保护你的日程表

一旦你知道自己的具体目标是什么，就必须留出时间来实现这些目标。我的解决方案是在我的日程安排上设置严格的界限，以保护我专注于创造性任务的时间。

当我从传统的公司工作转向为自己工作时，这一点变得更加重要。我指导的许多担任顾问或自由职业者的年轻女性也因此受益。当与多个客户打交道时，优先级的设置非常困难，每个客户都认为他们应该是你的首要任务。

我指导的一位年轻女性是一名营销顾问。她告诉我，她通过在某一天只关注一个客户并且在工作时不检查电子邮件来设定界限。这种方法可以帮助她保持专注并提高工作效率。如果出现紧急情况，她会要求客户给她发短信，但前提是这是真正需要马上处理的事情。当预先设定这些期望时，她明确表示这就是她最好的工作方式。

以下是对我有用的方法：只要有可能，从上午9点到12点，我会断开社交媒体连接，关闭电子邮件，并将手机调至飞行模式。当你不会高频被短信和社交媒体分散注意力时，你会完成更多的工作，这真是令人惊喜。我利用每周在办公室的一两天安排尽可能多的会议。我还会尽量留出一整天，不开会、不打电话，这样我就可以真正深入研究需要我关注的大项目。

如果你无法实现这样的安排，可能你的工作环境要求你立即回复电子邮件，那也没关系，你还有几个选择。首先，你可以将手机设置为"请勿打扰"，然后进入你的设置并选择你想要接收电话或短信的人（例如你的老板）。这样，只有当你的老板试图联系你时，你的电话才会响起。其次，如果你的老板通常通过电子邮件与你联系，请设置一条不在办公室的消息，内容是："我正在按时完成工作。如果情况紧急，请发短信给我，电话号码是 ×××–×××–××××。"
或者，你可以这样回复老板发来的电子邮件："我在这个项目上取得了很大进展，我迫不及待地想与你分享。我可以今天晚些时候回复你其他话题吗？"这传达了一个清晰而友善的信息：你想独自一人集中注意力。

4. 鸟瞰视角

周末，我会查看下周的日历，评估我安排的会议和电话是否符合我的优先事项。如果没有，我会做以下四件事之一来争取一些重要的时间：委派、取消、重新安排或缩短会议时间。

另一种策略是审视定期会议的必要性。安排如此多的会议只是因为事情一直都是这样进行的。看看你每周参加的定期会议，问问自己是否真的有必要参加。如果你不是安排会议的人，为什么不尝试向安排会议的人提出这个问题呢？可以说："我发现我的日历上一直有这些重复的会议。很多会议都是在早上，而那是我工作状态最好的时候。是否可以将其中一些会议移至下午？"

我指导过的许多女性永远不会质疑这些，但只要是为了实现自己尽最大努力工作的真实愿望，你就永远不应该畏惧提问。

避免"吞吞吐吐"

我从我指导的年轻女性那里反复听到的一件事是，她们通过谈判获得了灵活的工作时间，甚至通过减薪来换取兼职工作（例如每周工作四天而不是五天，同时只拿80%的薪水），但她们的工作时间随着时间的推移神奇地增加了。最终，她们全职工作而没有得到补偿，然而她们不知道如何提出这个问题而不被认为是自私或懒惰的人。

毫无疑问，这是一个棘手的情况。我总是建议这些女性尽早将其消灭在萌芽状态，并设定期望，这样她们的老板就不会习惯她们每天24小时都待命，然后在她们减少工作时间时感到怨恨。这就是当你有灵活的或自由职业的工作安排时，界限比一般情况下更重要的原因之一。如果你需要协商灵活的时间表，请立即使用本文中的所有建议设定明确的界限，然后尽力紧密地维护它们。如果你发现你的工作时间开始增加，请迅速与你的老板解决这个问题："我想谈谈回到我们最初每周工作四天的协议。"

我知道，在明知道这个可能对自己不利的情况下还去争取是很难的，但请记住——你的老板已经对此表示了同意，也在接受这一点的前提下聘用了你。你的提醒实际上在帮助老板去遵守已经设定的原则。

✦ 摆脱时间的束缚 ✦

当你创建"不做清单"时，一定要算上所有那些浪费时间的小事，这些小事可能让你偏离你的优先事项。如果你不确定这些是什么，请尝试记录一下你这几天的时间安排，然后查看你的时间日志并问自己："我可以委托、删除什么，甚至可以交换什么？"

我指导的许多年轻女性与她们的朋友和熟人交换任务。例如，一位刚从法学院毕业的年轻女性请她的网页设计师朋友为她蓬勃发展的法律业务创建网站。作为交换，她帮忙审查了朋友与新客户的合同。我认为这是一种以低成本将任务委派出去并换取你喜欢的或对你来说更舒适的任务的好方法。

阿丽安娜·赫芬顿（Arianna Huffington）在她的《盛放》（Thrive）一书中谈到，可通过决定不做某件事来将其从待办事项清单中划掉。我喜欢这个主意。我们都有很多我们觉得"应该"做的事情，但我们真的必须做吗？如果你一直想做某事但没有抽出时间去做，也许是因为它实际上与你的优先事项不一致。如果是这样的话，那就把它从你的清单上划掉并认为它已经完成了。你刚好腾出了更多时间来做真正重要的事情。

例如，当我在时代公司时，我的待办事项清单上有一项是为发送给我的团队的每周报告优化格式，但我从未找到时间去做这件事。其他任务总是更优先。最后，我意识到这是因为报告的格式并不是那么重要。这是一份内部文件，真正重要的是内容。所以我把这个任务从我的清单上划掉了，再也没有回头。

✦ 如何善意地说"不" ✦

到目前为止，你应该对于如何设置界限有了一些想法。现在，是时候谈谈如何维护它们了。当有人请求你花时间做某事，但超出了你的界限（换句话说，它已被你设定的标准过滤掉）时，这意味着只能说"不"。

这就是很多"友善女孩"挣扎的地方。她们想知道如何才能在不破坏与此人的关系的情况下拒绝。有时候——我承认，甚至就在最近——我试图避免说"不"，结果却让事情变得更糟。一位公司创始人最近通过一位我们共同的朋友联系了我。我接了他的电话，他紧接着要求我介绍人际网络中的某个人。我做了介绍，然后他又提了介绍其他人要求。

此时，我已经以真诚的方式帮助了他一次，但我不愿意再花更多的时间在他的公司上。但我没有简明地告诉他这一点，而是委婉地说我忽略了他的电子邮件，希望他能得到暗示，因为我不想开口拒绝。几天后，他给我发了一封电子邮件，说他很感激我迄今为止所提供的帮助，并希望我能够继续介绍别人给他认识。他还问我是否有兴趣作为正式顾问加入他的公司。

我不得不更加直接。我写道："感谢你有机会让我参与你伟大的公司的建设工作。但很可惜，我现在不得不减少这方面的时间投入，来创作我的书，所以我现在不能投入更多时间了，但我祝你的公司一切顺利。"请注意，我说的是"谢谢"，而不是"对不起"！他很客气地回应，我很感激。这种互动强化了这样一个事实："善意的不"是可能的，而且比不回复要好。

有很多方法可以表达"善意的不"。你已经阅读了本章中的许多例子，我也在不断学习新的方法，友好却清楚地维护我的界限。我的同行、咨询顾问兼投资者帕特·赫德利最近告诉我："每当我被要求做一些我知道自己无法以最高质量完成的事情时，我都会说'我不能这样做，因为我无法做到合理分配成功所需的时间和精力并尽可能做到最好。我永远不想让大家失望或达不到预期。'最好说'不'，而不是低质量地完成。当以这种方式处事时，人们会理解我的'不'并理解为什么我必须得说'不'。"我觉得他解释得再好不过了。

以下是一些"善意的拒绝"可用的措辞，确保你在工作中的界限和人际关系不受影响：

·"我很乐意提供帮助，但现在我专注于……"

·"非常感谢你想到我。我很乐意与你合作，但下个季度我的工作已经排满了。下次有机会的话，请再联系我。"

·"我希望能提供帮助，但我不确定我是否是合适的人选。你需要一个专注于……的人。"

·"我觉得做 X 部分真的很舒服。我认为由 Y 领域的专家来处理这个问题会更有效率。"

·"我很愿意见你，但此刻我正在专注于发展自己的生意。我们可以在夏天重新联系吗？"

敢于说"不"

你可能已经注意到媒体近期都在宣传女性要挺身而出、努力再努力并勇敢说"是"。虽然这相对于前几代女性所接收到的信息来说无疑是一种进步，但这并不总是可行的。事实上，这种压力会让我们觉得我们必须对每一个机会说"是"，否则我们就会错过机会，甚至成为糟糕的女权主义者。但事实是，有时最好的决定就是拒绝，即使这意味着要拒绝一个巨大的机会。

当我写这本书时，有三家公司希望我去承担他们的运营工作。老实说，我自恋的那部分会想象，一旦我接受其中一份工作，别人会如何看待我。但后来我告诉我自己，花一点时间想象如果我这样做的话，每天会是什么样子。我每天要花一个多小时往返纽约市。在晚上没有工作的时候，我可以和孩子们待上三十分钟。而在有应酬的时候，我根本没时间看顾他们。这不是我想要的——至少现在不是。虽然下决定困难，我还是决定要做出这个决定，因为我知道未来也许情况会变化。

因此，我没觉得我是在家庭和事业之间做出抉择，我也不支持其他女性要这样去选边站。这并不是非此即彼的问题。但是，我也不想再重复女性可以"拥有一切"的陈词滥调。不要试图拥有一切（不论这到底意味着什么），我们需要重塑对投入事业的定义。现在，对我来说，投入事业并不意味着一定要在大公司工作。当然，我知道我很幸运可以这样说，我花了二十年的工作时间让我可以为自己量身定制想要的事业状态。

谢丽尔·桑德伯格（Sheryl Sandberg）在《向前一步》（*Lean In*）中鼓励女性拥有伟大的职业生涯。我并不反对这个主张。但首先我们必须重新定义伟大事业的含义。有时，当你能为自己定义这一点时，说"不"可能才是正确的决定。

✦ 是与否之间的最佳平衡点 ✦

看上去，关于贡献时间、精力或专业知识的请求通常得回答是或否，但我发现在是和否之间实际上还有一定的空间。譬如说，"我现在做不到，但以下是我能做到的事情……"。通常，这是很善意的做法，也会增加一定的工作负担。但随着时间的推移，我越来越习惯这种方法，并发现这是奉献与保护自己的完美结合。

我在工作中最常使用这种技巧，但它适用于许多其他的场合，最近一次是在我儿子学校的家长教师联合会中。今年，他们请我共同主持一个大型年度筹款晚会。但我知道，像前一年那样主持拍卖会更适合我，所以我告诉他们："我认为对我来说最好的选择是再次主持拍卖会。这是一项繁重的工作，但我已经掌握了所有流程，而且考虑到我所做的工作和我拥有的人脉资源，很容易获得捐赠。我相信我们可以在去年的女士们的基础上组建一个出色的拍卖委员会，而且我已经招募了几位新妈妈来帮忙。我认为如果能有一两个联合主席来主持整个活动就太好了。这样我将成为拍卖会上的重要人物。"

联合会的副主席回答:"我完全理解。事实上,我可以从你身上学到一件事,那就是承认什么时候你已经忙不过来了,而不是过度投入!很高兴你能主持拍卖会。"

为了让你更好地了解如何做到这一点,以下是当答案不完全为是或否时我的一些首选回答。它们可以适应任何情况。重点是,我尽量保持尊重,并提供一种替代方式,这种方式比最初的询问花费的时间更少。

· 作为导师(对一位要求出去喝咖啡并"请教一下我的想法"的年轻女性):"我很乐意邀请你加入我即将举办的导师圈子。我们让十到十五名女性聚在一起,奇迹通常会发生。"或者尝试说:"我很乐意。我正在埋头做一个重要的工作项目。几个月后我们可以重新联系吗?"(然后让他们联系你。)

· 作为社交网络的一员(对要求我将他们介绍给我人脉中的某个人的人):"我很乐意为你介绍。你能写一封关于你自己以及你为什么有兴趣认识她的电子邮件,我再转发给她吗?"

· 作为求职者(对向你提供你不想接受的工作的招聘经理或猎头):"这份工作目前不适合我,但我知道两个人会是优秀的候选人。我很乐意为你联系他们。"

· 作为顾问（对一位想要与我会面的创始人）："我在写书的这段时间已经暂停了接下来六个月的正式会面，但我很乐意花上二十分钟来与你通个电话。如果你正在寻求具体建议，请致电。"这种花有限时间打电话是一种很好的方式，可以向任何希望加入你的日程的人提供，而无须花费大量时间与某人正式会面，再加上你还需要时间往返。

· 作为朋友（对正在举办活动并希望我参加的朋友）："遗憾的是，我无法参加，但我很乐意帮助你在社交媒体上宣传该活动。"

要　点

· 在划清界限之前，首先确定你的优先事项非常重要，这样你就可以确保将时间投入到与其相符的活动中。

· 为此，我创建了一个四方格模型——每隔几个月，我就会重新审视我的优先事项并确保我的时间分配得当。

· 当出现的义务不属于你的优先事项时，请尝试以明确但善意的"不"来回应。或者，如果可能的话，委派这项任务，以便你有时间专注于其他优先事项。

· 是和否之间有一个最佳平衡点。当有人向你提出做某件事时，请考虑是否有更好、更有效的方式来增加价值。

第九章

让你的能力
加倍增长

也许你从这本书的许多故事中可以感受到，职业指导是我生活的重要组成部分。在某种意义上，这份重要性也源自我过去的经历，早期我踏入职场时没有任何专业的导师。我的父母对我方方面面都很关心也很支持，但他们是对商业世界没有任何接触或了解的初代移民。他们无法为我提供建议，也无法帮助我与专业人士取得联系。

此后，在大学里，我遇到了一些同龄人，他们的父母是投资银行家或在大公司工作。他们似乎更容易获得实习机会，甚至一毕业就能轻易找到工作，就如同他们有一个内置的机制来助力他们的职业生涯。与此同时，我发现我不得不学会如何依靠自己取得成功。回想一切，我知道，我如果当时有商业世界的人脉，我的人生会顺遂得多。

我在职业道路上遇到的第一个重要的人生导师是我的老板卢先生，他在安永工作，并且对我的职业生涯感兴趣。他是第一个鼓励我在会议上表达自己观点而不是仅仅去说"这很有趣！"的人。在那家公司，我和我的同事从一个团队转到另一个团队，根据不同客户的需求为他们提供服务。我被分配为卢的团队中的一个客户工作，因为进展非常顺利，他又安排我继续和他为另一个客户工作。

卢在公司的地位很高，所以他能接到很多不错的任务。他对我非常有信心，所以我被分配给公司的一些最好的客户。感谢卢，我目睹了有像他这样的人关照我而带来的影响。

我找到了一位导师，就像找到了一位真正"了解"我的老师。他看到了我的优势并帮助我发挥它们，同时也填补了我知识和经验上的空白。总的来说，这种指导关系在我职业生涯早期赋予了我充足的信心和专业知识。

这就是导师的关键好处。导师的指导和建议不仅让你从中有所得，而且让你可以信任他。每当你需要做出棘手或困难的决定时，你可以向你的导师寻求帮助，导师则提供安全感和支持，这种感觉真是太棒了。

简而言之，寻找并发展与导师的关系——找到许多的导师——对于你在商界的崛起至关重要。然而，与我交谈的许多年轻女性告诉我，找一位职业导师可能非常困难，尤其是当她们对寻求帮助或请求某人犹豫不决或没有安全感时。我常常感到惊讶的是，与我交谈过的许多女性没有（也从未有过）导师。

不出所料，领英于 2011 年进行的一项调查发现，只有五分之一的女性曾经拥有过专业导师。而研究表明，在其他条件相同的情况下，拥有一位导师可以成为帮助你开启职业生涯的"关键因素"，当你考虑到这一点时，你就会发现这是一个大问题。

以下是我调查的一些女性对于在工作中寻找导师这一挑战的看法：

- "我一直想找到一位导师，但我在一个女性很少的细分领域工作，一直不知道如何找到合适的人。"
- "有时，我会遇到行业内的女性主动提出与我会面，但我不知道她们是真心实意还是只是出于礼貌随口说的，所以有时候我没继续跟进落实见面安排。然后我就会想，我是否错过了一个绝佳的机会。"
- "我在公司有一位导师，但有时，当她给我建议时，她似乎更多地考虑什么对公司有利，而不是对我有利。我需要在公司外找一个更客观的人吗？"

✦ 寻找合适的导师 ✦

与导师建立联系的过程，与你在第七章中读到的如何建立人际网络非常相似。但是，在你开始通过网络寻找导师之前，确定合适的导师非常重要——一个（或多个）能够专业地帮助你指导你走向成功的导师。与我交谈过的许多年轻女性都认为她们的老板会指导她们，但情况并非总是如此。此外，你的老板不一定是最适合你的导师（尽管也有可能如此）。

想想你生活中那些巧妙地将善良与力量融为一体的人。你非常钦佩并想成为的是谁？当你回想对你最有影响力的老师和教练时，他们不是帮助你摆脱谋杀罪名的坏人或者带来负能量的人。他们是善良而坚定的人，是帮助你成长的人。这是最好的导师类型。

没错——并非所有导师都能够创建平等关系。为了充分利用这种关系，有意识地选择谁来成为你的导师很重要。为了使这个过程变得简单，我将其分为三个步骤。

第一步：找到你的类型

首先问问自己要寻找什么类型的导师。根据我的经验，受指导者通常会在导师身上寻找至少以下三个特征之一：

1. 帮助你职业发展的力量。如果这是你所需要的，请首先查看你公司中的高级管理人员。当我在时代公司工作时，经常有年轻女性联系我，因为她们知道我有能力帮助她们在公司晋升。

2. 有影响力的社交网络。如果你的目标是通过人际网络获得新的机会，也许你需要一位人脉广泛并且愿意充当通往其他人的桥梁的导师。

3. 专业知识。这可以是一套特定的技能（例如，如果你要转型为经理角色，则需要领导力或管理技能）、有特定公司或行业内部运作的知识，或者处理特定类型情况的经验。例如，许多年轻女性联系我，想了解我如何从媒体转向投资。我完成这一转变的经验为我提供了专业知识，如果她们正在考虑类似的事情，她们可以从中学习。

读到这里，你可能会意识到你需要一位具有一种、两种甚至全部三种属性的导师。你可能需要三位独立的导师才能获得这三者，或者你很幸运能找到一位拥有一切特质的导师。一般来说，有不止一位导师为你提供多种视角是件好事，但这些关系确实需要时间和精力。尝试有意识地寻找一群数量不多但能够产生最大影响的导师。

第二步：内外兼具

一旦确定了要寻找的导师，请考虑该人应该在你当前公司的内部还是外部。如果你喜欢在公司工作，并且你的目标是在内部不断进步，那么最好寻找公司内部有权势的人。然而，如果你想跳槽到另一家公司甚至不同的行业，那么你理想的导师应该是外部人士。

如果你不确定自己的确切目标是什么，但渴望摆脱当前的状况，那么需要建立网络并找到完全存在于你的世界之外的导师。全新的视角能让你思考无限的可能性。例如，与索拉雅·达拉比（你在第七章中读到了她）的联系让我深入了解并接触了科技世界，这对我最终实现这一转变至关重要。

我们经常认为我们的导师必须是某个特定类型的人，但这是不必要的限制。理想的导师可能就在你面前，而你却没有意识到。想想所有已经与你有联系的人。如果你的职业生涯刚刚起步，这个人可能是一位老教授、一位熟人，甚至是你曾经照顾过的人。这些人是否有权力、渠道或专业知识可以帮助你？如果没有，也许他们与其他可以帮助你的人有联系。这一切都与网络有关。你永远不知道某人将来会如何提供帮助，因此尽可能拓宽你的视野（和你的人际网络）总是一件好事。

第三步：评估他们对指导的兴趣

并不是每个人都是好导师，也不是每个人都想成为好导师。一个好的导师是一个享受指导他人并认为这是其工作的自然组成部分的人。一旦确定了要寻找的导师以及导师是在公司内部还是外部，评估潜在导师对指导的偏好就很重要。

如果你认为你的老板是一位理想的导师，请注意他是否提出了很多富有洞察力的问题并提供了支持。如果是这样，你的搜索可能已经结束。但如果他更专注于完成工作而不是主动提供建议或指导，那么最好在其他地方继续寻找。

在这种情况下，开始注意你的同事和朋友如何谈论他们自己的老板和导师。也许你有一位朋友对她的老板非常乐于助人赞不绝口。或者，也许某个同事为你认为会成为好导师的人工作，但你朋友的反馈是，虽然她非常强大且人脉广泛，但指导别人确实不是她擅长的。

解决此问题的另一个好方法是询问你的老板认识的人：
"我希望了解有关[主题]的更多信息，并且我认为[姓名]
可以提供一些很好的见解和指导。你怎么认为？"如果你的
老板认为你提到的人不能成为一个好的导师，那么他很可能
会推荐其他人选给你！

✦ 联系导师 ✦

既然你了解了自己需要寻找的导师的确切类型，以及在
哪里可以找到他，那么你将如何与其建立联系并在所有可能
的竞争中脱颖而出？以下是我发现的一些最有效的技巧。

获得热情的引荐

我在第七章中简要讨论过这一点，但值得重复一遍——
由共同的朋友或熟人亲自将你介绍给潜在的导师会比发送一
封冷冰冰的电子邮件更有分量，会让你脱颖而出。自然地将
这件事放入与同事和朋友的对话中："我现在关注的一件事
是寻找一位可以帮助我的导师……"或者："我认为[姓名]
将是我过渡到管理职位时的理想导师。你觉得她愿意见我
吗？"希望与你对话的人愿意热情地将你介绍给合适的人。

建立联系的另一种有效方法是访问领英和其他社交媒体

网站，看看你的联系人与谁有联系，然后主动联系并写一封电子邮件，让他转发给你潜在的导师。这对他来说很容易，因此他更有可能去帮你。

在这封介绍性电子邮件中，请确保你们建立联系将是互惠互利的，而不是你单向索取的。一位女士最近写信给我，她不是简单地说"我很想见见你，这样我可以了解你的想法并了解更多关于你的经历"，而是这样："我一直在关注你的职业生涯，并且是你的忠实粉丝。我目前正处于转型期，对你从媒体转向投资的转变印象深刻。我很想更多地了解你的经验，作为回报，我对你投资组合中的××公司如何根据我在数字营销方面的经验来扩大受众有一些想法。"

看看这有多强力和引人注目？她对我的职业轨迹进行了研究，并提出以特定且有用的方式分享她的专业知识，以换取我的时间。

1. 寻找个人的连接点

如果你找不到人为你做热情的介绍，请不要担心。还有其他方法可以成功地与潜在的导师建立联系。我最近收到一封电子邮件，开头是："我发现我们都曾经住在基斯科山。那里太美了……"就这样一个共同点让我有兴趣读下去。当然，这需要提前做一些功课，但一定会有回报的。

2. 创造一个时刻

一位非常精明的年轻女性在她所在的公司组织了一场讨论会，她集结了科技领域的许多女性，然后问我是否有兴趣参加。我答应了。当我到达并找到座位坐下来以后，她主动过来做了自我介绍，然后我们开始聊天。我很有动力进一步了解她，因为我们已经通过电子邮件有初步的交流。果然，几天后她给我发了电子邮件，感谢我参加这次活动并希望与我见面。给我的感觉是，她有意组建了这个活动，然后能够结交一些有影响力的讨论成员和观众。此外，当然，该活动对她的公司来说也是一个胜利。这个策略给我留下了深刻的印象，我同意和她一起喝咖啡！

如果仅仅为了喝咖啡，这个过程看起来规模太大、太复杂，请考虑一下其他现有的"时刻"或事件，你可以利用这些"时刻"或事件来与潜在的导师建立联系。最近，我收到另一位年轻女士发来的电子邮件，她提出与我会面。她使用了一种独特且非常有效的策略。她没有直接要求与我会面，而是问我："您会参加我们可以见面的任何会议、社交活动或演讲活动吗？"这让我很容易和她会面，因为我不需要在日程上腾出时间。我只是告诉她我已经计划参加一些活动，她就出现了。这给我留下了深刻的印象，这意味着下次她提出要求时，我可能更有可能答应与她会面。

3. 获得关注

当我回想起我职业生涯的早期，即社交媒体和在线网络存在之前的时期，我发现我能够找到许多有价值的导师，因为我只是做了一些让我被注意到的工作。他们想指导我，因为他们看到了我的潜力。当然，本节中的其他技巧也很重要，你需要从办公桌上抬起头来建立人际网络并且推销自己，但没有什么可以完全取代你出色完成工作来让自己出彩的机会。请参阅第二章，获取有关如何提升自己和创造机会以帮助你获得关注的建议。

组建个人董事会

正如你之前所读到的，阿达奥拉·乌多吉勇敢地回复了一位说她看起来不像税务律师的面试官。她将她的导师和学员团队称为她的"个人董事会"。她告诉我，年轻女性可能犯的最大错误就是认为自己可以解决一切问题。你需要和你建立了关系的多元化群体一起完善经验和丰富专业知识。

阿达奥拉建议关注那些已经进入你生活且受人尊敬的人，而不是只顾着外出寻找"董事会成员"。过去五年里，你与谁共度过时光并向谁学习？谁会回复你的电子邮件并且似乎渴望提供支持？阿达奥拉的董事会对她来说非常宝贵，我也喜欢这种独特的指导方法。

✦ 只希望对方传授经验有害无益 ✦

当你想联系一位导师（无论是面对面还是通过网络）时，别觉得你会被利用或者对方非帮你不可。请记住，这个人不欠你任何东西。即使她真的很友善并且乐于奉献，她也可能非常忙碌并且十分清楚她的时间和专业知识有多么宝贵。

不要只考虑你能从这个人身上得到什么，而要考虑如何与对方建立关系。这意味着，正如谢丽尔·桑德伯格在《向前一步》中所说，永远不要接近陌生人并请他成为你的导师。让关系自然地进展。作为一个"友善女孩"，你有优势，因为建立关系对你来说可能是很自然的事情。现在是利用你的技能来最大限度地获取成功的时候了。

更重要的是，比起直接要求某人成为你的导师，更糟糕的是请求对方"传授经验"。我的朋友特蕾莎·内梅萨尼最近在脸书上发表了一篇文章，这篇文章让我深有同感，同时也让我会心一笑。她说："职业社交须知：不要使用'传授经验'这个词。就是不要。我们圈子里的许多人为此达成了很多共识。事情就是这样的：这不是一种互惠的关系，而是带有占便宜的意图。听到这句话的人往往会感到害怕。这些人的时间非常有限，他们需要看到投入时间所产生的价值。请他们喝咖啡并不能让这更有吸引力。不知怎的，最近，这样的表述变得越来越流行。这是一个问题。换一种说法吧：让它成为互惠的（比如'反馈'或'头脑风暴'），让它变得快速而简单（打一个 20 分钟的电话，而不是当面喝咖啡），并且直接表明你能提供什么作为回报。朋友们，请分享出去。我们需要改变这种现状。"

✦ 对意想不到的导师持开放态度 ✦

有意识地寻找导师固然重要，但有时导师会在你最意想不到的地方出现。当你对此持开放态度时，你就能从那些你从未想过要寻找的人那里获得有意义的建议和支持。

摩根大通首席品牌官苏珊·卡纳瓦里（Susan Canavari）与我分享了一个关于在意想不到的地方找到导师的精彩故事。2002 年，她在狄杰斯（Digitas）数字营销公司工作，被调到加利福尼亚管理旧金山办事处。她的工作是评估公司在经历了前五年的大量人员流失后，如何发展业务并激励现有团队。

从苏珊上任第一天起，迎接她的是四十九名持怀疑态度的同事，加上一名积极的同事——旧金山办事处的人力资源主管贝特雷达·盖恩斯。贝特雷达经历了最后几位领导人的动荡，目睹了这一切。尽管苏珊名义上是她的上司，但贝特雷达对他们独特的办公室文化有宝贵的见解。就这样，人力资源主管成为整个办公室的导师。她向苏珊吐露了为什么人们对她来旧金山如此怀疑，并教她可以如何做、如何表达，以赢得员工对她计划的信任，从而领导办公室取得成功的。

除了提供针对该办公室文化的建议外，贝特雷达还竭尽全力确保苏珊以最有效的方式领导团队。她起草了沟通材料，并让苏珊传递具有一致性的愿景和积极的信息。苏珊告诉我，她现在每天都会考虑这些建议，并且努力像贝特雷达本人一样忠诚和慷慨。贝特雷达于 2017 年 3 月去世，留下了一份充满善意和富有指导意义的美好遗产。

✦ 导师是什么，导师不是什么？ ✦

指导关系可以通过多种形式呈现，有时候也让人意想不到，但导师都有局限性。我发现许多年轻女性来找我，要求我成为她们的导师，但她们并不清楚这种关系到底意味着什么。以下是健康和富有成效的指导的一些基本准则。

导师是一种有机发展的非正式关系，而不是一种正式（刻意）的安排

很多"友善女孩"问我她们应该多久联系一次导师。她们希望维持这种关系，但又不想越界，也不想让人觉得麻烦。我总是向她们强调这不是正式的关系。例如，这种关系和我与那些我正式提供咨询的创业者的关系存在很大差异。

作为顾问，我与创业者有正式的协议，要按预定的时间定期见面交谈。我与被指导者则完全不同。当她们需要建议或支持时，她们经常会通过电子邮件或短信联系我，而我也会尽量抽出时间，至少每隔几个月与她们喝一次咖啡或吃一次午餐。

此外，我也非常感谢我的被指导者在不需要帮助的时候仍与我保持联系。例如，我指导的一位年轻女性最近通过电子邮件发送了一篇她认为我会感兴趣的文章，还有一位年轻女性给我发了一个活动链接，她想让我知道这个活动。这些举动让我知道自己在她们心中占有一席之地，并让我们在更深入讨论的间隙也保持互动和交流。

导师是你的指导来源，而不是你的决策者

你永远不要指望导师会告诉你该怎么做。他会提供智慧、想法、建议、信息和新鲜的视角。但最终，你要为自己的决定负责。

数字货币公司乐沃（Levo）的创始人兼首席执行官卡罗琳·戈恩（Caroline Ghosn）说得最好："如果你的生活是一本书，那么作为一名被指导者，寻找导师就是要找到真正有思想的主题进行采访，或找到会提醒你为什么要写作这本书的编辑。但你才是作者本人。"

导师是客观的，而不是亲自参与你的决定的人

向你的直接上司或其他与你关系密切的人寻求建议是很有诱惑力的。但这些建议往往是对方筛选和排序过的，有时甚至带有他们自己的不安全感或怨恨。最好的导师能够客观地指出隐藏的复杂因素、政治因素或你可能没有意识到的其他方面。正如卡罗琳·戈恩所说："导师就是愿意为你提供不符合他自己最大利益的建议的人。真正的导师会把你放在第一位。"

当导师很客观时，他就更容易注意到你带来的独特技能以及你将这些技能付诸实践的机会。例如，玛丽·仓石与我分享了一个关于她职业生涯早期的一位导师的故事，这位导师看到了她充分利用自己独特技能的潜力。玛丽开始了她的第一份真正的工作，她的这份工作完全基于她对俄罗斯的了解。她对她的新雇主世界银行的工作知之甚少。但她与老板育空的关系很好，育空是一位简洁、聪明、务实的美籍华裔经济学家。

二十五岁的玛丽通常是会议中唯一的女性，而且几乎是会场里最年轻的。有一天，育空将她拉到一边问道："玛丽，你为什么在参加的会议上不说话？"她告诉他，她认为其他人的意见比她的更有价值，而别人也往往把她的观点先表达了。令玛丽惊讶的是，育空告诉她，玛丽了解俄罗斯的运作方式，而房间里的其他人都不知道，而且即使其他人已经说

了她想说的话，也必须让别人听到她自己的观点。

玛丽很震惊。她从来没有想到，她对俄罗斯机构如何限制客户行为的相关知识对参会者很重要。她也没意识到她是被需要的。直到今天，玛丽仍然很感恩这位老板，因为他能对团队中资历最浅的她表现出足够的关注，鼓励她发声，又资助她攻读 MBA 学位（这是世界银行最大的福利之一），所以她才成为今天这样一位企业家。正是这样的客观性赋予她价值，并让她了解了这价值将如何推进自己的事业。

导师也能从这份关系中获益，而不仅仅是给予者

导师和被指导者的关系不是单行道。这是一种动态的关系，建议、信息和支持是双向流动的。许多人认为导师制是由一位年长的、更有经验的专业人士向比他资历浅的人提供建议。但我的经历告诉我，我从我的学员那里收获的东西和我教给他们的东西一样多。

几年前，我投资组合中的一家公司陷入困境：公司有大量收入还未到账，但正面临着紧急的现金短缺。如果没有融资渠道，公司很可能生存不下去了。该公司成立已有五年，已经挣了不少钱。作为一名投资者，我一直在寻找有可能投资或收购我投资组合中初创企业的公司。碰巧的是，有一家大公司可能是这家初创公司的潜在收购者，因此我打算去协商并购的事情。

此时，我在这家初创公司经历了很多风风雨雨，我指导过多年的创始人也能感觉到我的疲劳。她告诉我："弗兰，当你与这家公司交谈时，你需要有力量。"

她是完全正确的，而我也正需要从她那里听到这句话。尽管我是她的导师，但在那一刻，她正在指导我——而且效果很好。她的建议确实帮助我与公司进行了富有成效的对话。对我来说，这是一种理想的指导关系——建议和智慧是双向流动的。

我还经常充当乐沃上的"虚拟导师"，并在"办公时间"让年轻女性通过该平台向我提问。你可能会惊讶，这样一个微小的连接竟然能产生如此强大的力量。当一位名叫布丽特·海森（Britt Hysen）的女士在一次会议上向我介绍自己时，她说："我确信你不记得了，但几年前，我在乐沃问过你一个有关数字媒体的问题。"

这是一次很好的破冰之旅，而且令人惊讶的是，我确实还记得这个问题！布丽特无疑给我留下了深刻的印象，而那次互动所产生的关系也让我们俩受益匪浅。初次见面后，我们一直保持着联系。不久后，布丽特创办了《千禧杂志》（*Millennial Magazine*），并把我作为他们导师系列的一员刊登在封面上！

我的朋友阿达奥拉告诉我，当她成为导师后，她惊讶地发现这是多么有价值的一件事。阿达奥拉刚出道时，有几位经验丰富的女性主动提出与她见面，分享她们的经验，但她常常因为担心太麻烦对方而没有这样做。她以为她在讨好别人！现在，她能够指导年轻女性了，她发现自己从指导经历中获得了很多。她收获了能量和灵感，还了解了当前高校时兴的教学内容，以及对新经济思维的洞察力。

现在，阿达奥拉理解了当年她的前辈们为什么想和她一起工作，她后悔那时没有接受她们。正因为不希望别人重蹈覆辙，她希望大家能听她的忠告。"相信别人的好意，"她这样说，"如果他们没有这个能力支持，那就算了。但如果别人主动提供帮助，请牢牢抓住这样的机会；有时候你会遇到奇迹！"

✦ 指导心态 ✦

指导并不是非得在正式场合进行，无论你处于职场的哪个阶段，你都可以成为导师。事实上，我给出的和收到的一些最好的建议都来自非正式的互动。马克·戈林（Mark Golin）是我在电影地带、美国在线和时代公司的同事。他负责创意，我负责业务。对我来说，我们之间的关系就是朋辈指导的缩影。我们尊重彼此的意见，但从不触怒对方，因为我们发挥了不同的技能。我们不断地互相学习。

我和马克的关系告诉我，指导可以自然而然发生，我也将这种心态带到了我的团队管理中。对我来说，对一个领导最高的赞美就是能够建立有效的团队，而我愿意分享我在职业生涯中学到的知识来增强团队成员的能力。这不仅是一份善意，而且是很好的策略。我的团队是我的映射，一个强大而自信的领导者可以与周围的人分享她的智慧，并且不失去自己的价值。

来自脸书媒体合作部的梅丽莎·马蒂斯（Melissa Mattiace）告诉我，她将指导视为植根于善良、存在和人际联系的日常互动。她努力让指导成为她每天生活的一部分。最近，她与一位名叫凯茜的前同事共进午餐，这个故事就是很好的例证。她们的职业和生活使她们走上了不同的道路，而这次午餐距离她们上次联系已经过去了几年。

在午餐期间，凯茜表示，她正处于职业生涯的十字路口，不确定是否要抓住出现的新机会。她们讨论了她的职业生涯的这个新方向的利弊，然后将它们重新对应到凯茜的个人优先事项上。然后，梅丽莎建议凯茜先为新公司提供咨询，这样她就能先尝试一下新岗位，而不是立即全身心投入。

几天后，梅丽莎收到一条短信，上面写着："我要感谢你鼓励我追求这个机会。我已经签订了为期两个月的项目。我们的午餐和谈话来得正是时候。我一直相信你的建议，并感谢你花时间与我讨论问题。"

虽然她们一直关系融洽，但梅丽莎从不认为自己是凯茜的导师。但现在她发现，当她的这些举手之劳被串联在一起时，产生的影响比她意识到的更大。

你能把这样的时刻融入你的日常生活吗？请记住，指导是一种氛围。虽然有些导师确实是你所在工作单位的传统拥护者，能为你职业生涯的下一步铺平道路，但事实是，导师可以有各种形式和体量。导师可能是在你需要的时候为你提供正确建议的人。她可能是一位乐于助人的朋友，或者是你尊敬和钦佩的人，与你建立了长期的、相互支持的关系。每种类型的导师都有不同的益处。

重要的是，梅丽莎的前同事凯茜随后分享了梅丽莎对她决策的影响。这也是为什么她能够持续享受这段导师关系给予的滋养。如果你做了重大的决定、勇敢地面对欺凌者或抓住了某个机会，而这当中有部分归功于你的导师给予的建议或支持，请及时表达你的感激。作为一名导师，我乐于知道我产生了积极影响。这不仅让我感觉良好并激励我继续前进，而且这是一份宝贵的反馈，让我知道以后我可以将建议的重点放在哪里。

✦ 扩大你的指导范围 ✦

无论我多乐意，我没有时间一一会见每个向我寻求指导的人。此外，一对一的互动并不总是最佳方式。因此，我一直在寻找创造性的方法来扩大我的指导范围，以便我能够对尽可能多的人产生最大的影响。这些技巧可以在你职业生涯的任何阶段发挥作用，让你建立有价值的联系，并让你涉足指导的奇妙世界。

正如我之前提到的，我定期主持一个导师圈子，该圈子由十到十五名女性组成。我们要么在咖啡馆、餐厅聚会，要么在我使用的共享办公空间见面。那是非常非正式的聚会。我们见面大约一个小时并互相了解。我回答出现的问题，但我后来发现，对于女性来说，互相学习并建立朋辈间的联系要更有益。

注意到这一点后，我开始有意在这些聚会中设置更多时间让她们进行交流。我不再回答问题，而是让女性围成一圈，分享她们正在做的事情或正在努力解决的问题，然后我给其他女性一个机会，让她们对其他人的挣扎提出自己的想法，然后再提出我自己的想法。

我尝试在各种情境下做类似的事情。卡罗琳·戈恩定期为不同群体举办晚宴，这些人是有机会互为导师的。我的朋友、《十七岁》（*Seventeen*）前主编安·肖克特（Ann Shoket）在她的书《大生活》（*Big Life*）中描述了她如何举办"彪悍女郎晚宴"：她集结了千禧一代女性并询问她们："如果我能为你解决任何问题，你有什么需要？"你越愿意运用第七章提到的拓展人脉的技巧，你就能了解到越来越多像这样很棒的活动。

但是你不需要别人来组织这样的导师圈子。为什么不主动联系一些看起来有趣、参与度高的同龄人,在当地的咖啡馆、公司的会议室或共享办公空间安排一次交流/朋辈指导活动呢?你们的活动不需要很刻意,先四处走动,自我介绍,然后给每个人几分钟的时间分享最近的职业困境、目标或担忧。任何人都可以提出建议。另一种安排活动的方法是,让大家围坐在一起,说出自己的提议(自己愿意帮助组内其他人的事情)和要求(自己需要组内其他人帮助的事情)。

如果在现实中组织这样的活动对你来说是不现实或者难以实现的,也可以组织线上活动,让想法相近的女性通过网络平台互相提问,比如谷歌和脸书都有这样的功能。

我的愿望是,你将从你的导师那里学到的一切,以及你在本书中学到的所有技能智慧,传递给你在未来生命中即将遇到的女性。只要成为一名坚强而善良、有进取心但讨人喜欢、善解人意且果断、自信而灵活的女性,你就可以帮助打破我们在职场面临的双重标准,并永久改变人们对职场女性的看法。当你身后的女性追随你的脚步时,她们会成倍增加你的善意。

致　谢

对于我的家人、朋友、同事、导师以及更多的与我一起走过这条路的人，我的感激之情无以言表。你们的智慧、见解、付出的时间和精力、拥有的资源、慷慨等等，我将永远铭记在心。我向你们所有人致以崇高的敬意和衷心的感谢。

感谢我人际网络中的四百多名女性，她们对本书的各个方面（从标题到主题和故事）都提供了反馈。你们知道我指的是谁，我永远感激你们在电话、电子邮件、群组和面谈中与我共度的时光。

我深深感谢那些一路引导和帮助我的同行和其他作者，你们帮助我理解写书过程中的许多意想不到的内容和细节。你们的建议和友谊极大地帮助了我，我很高兴我不需要从一张白纸开始。我要特别感谢蒂凡尼·杜芙告诉我"友善是你的资产"，并在我需要时给予我继续完成这本书的信心。

此外，我很庆幸有一群摇滚明星般的女性参与这本书的采访，她们都花了宝贵的时间分享她们人生中的关键故事。正是这些女性让这本书可以聚焦于她们的诚实、脆弱和真实。感谢：阿达多拉·乌多吉、安娜·玛丽亚·沙弗姿、卡罗兰·甘许、克丽斯·卡特、当卡·萨莱、艾米拉·达拉顿、吉娜·卡米诺思、珍妮弗·弗里斯、约瑟芬·迪波利托、凯特·科尔、玛丽·仓石、梅丽莎·马蒂斯、米米·费利西亚诺、明迪·格罗斯曼、帕特·赫德利、索拉雅·达拉比、斯蒂芬妮·卡普兰·刘易斯和苏珊·卡纳瓦里。

太多人提供了非常有价值的见解，丰富了本书的内容。我最衷心的感谢还要给你们：艾立森·麦吉尔、安亚力·库玛、布莱克·莱弗利、戴尔·哈登、丹尼斯·瑞塔尼、伊丽莎白·金、艾伦·米勒、艾米丽·李斯福德、格蕾丝·普鲁登、格蕾丝·费德勒、雅克琳·赫南德斯、简·汉森、杰西·高博、苏珊·麦克弗森、瓦妮莎·申克和惠特尼·弗里克。

我的私人导师对我的意义超出想象。他们一路指引我，劝解我走出许多困境，并慷慨地分享他们的智慧和见解。我衷心感谢亚当·斯卢茨基、安·摩尔、大卫·盖特纳、拉马尔·切斯尼、马克·戈林、玛莎·尼尔森和保罗·凯恩。

我很幸运拥有最好的营销团队，成员包括阿曼达·舒马赫和凯瑟琳·哈里斯。你们的创造力、活力和无懈可击的才华帮助我向世界传递了如此有效和有影响力的信息。感谢你们相信我们的使命，并成为最好的宣传者。感谢爱丽丝·坎贝尔和珍妮弗·穆勒尼帮助我展现出最好的一面（真的是最好的一面），并感谢安妮·维勒、布里安娜·领克、克里斯·维夫德、法诺诗·特拉比、梅丽莎·格德尔和瑟琳娜·苏的宝贵帮助，他们告诉我应该如何最好地推出这本书。

非常感谢米歇尔·拉维斯，她让我保持在正轨上且井井有条，处理了数百万件杂事（同时让一切看起来如此简单）。

我生命中最爱的一些人，参与了我成长的每一步，他们用不同的方式我提供勇气、灵感和指导。莉兹·怀特阅读了这本书的初稿，并提供了许多深思熟虑过的建议。珍妮·贝尔德本人就是一位才华横溢、尖锐的作家，她帮助我打磨这本书最初的提案。在我写作本书的路上，她继续提供不可或缺的支持，包括帮助我找到合著者乔迪·利珀。雷恩是我出色的教练和导师，在我最初构想这本书的过程中发挥了至关重要的作用。我衷心感谢你们每一个人。

感谢我在这个世界上最亲爱的朋友之一——帕特丽夏·卡帕斯。自 2009 年以来，帕特丽夏一直是我最亲密、最值得信赖的顾问！如果没有她不懈的鼓励，这本书就不会问世。她在每一个阶段帮助我增值，并在很多情况下帮助我

"摆脱困境"。帕特丽夏，我对你充满了爱和钦佩。

如果没有我令人惊叹的经纪人，也就是光彩夺目的伊法特·赖斯·詹德尔，就没有这本书。从我们见面的那天起，她就一直是我的支柱，也是她让我相信我必须写出这本书。能够与伊法特还有整个团队，尤其是和杰西卡·法乐曼合作，我倍感荣幸。

感谢霍顿·米卡林·哈考特出版社（Houghton Mifflin Harcourt）这支有才华的团队给予的支持，团队成员包括艾伦·亚瑟、布鲁斯·尼古拉斯、阿德里安娜·里佐、玛丽·高尔曼、戴比·恩格尔、萝莉·格拉斯、汉娜·亚瑟、玛莎·肯尼迪、克里斯托弗·磨山、贝丝吉尔卡、斯蒂芬妮·布夏特、雷切尔·纽博恩和凯蒂·科斯特。

我还要特别感谢我的编辑里克·伍尔夫和编辑助理劳斯玛丽·麦克基尼斯。他们不仅仅才华横溢、富有创造力、直觉敏锐，还深信我们共同创造的东西。他们是我的拥护者，（友善地）督促我用合适的方式来写下我的故事。

我非常高兴和乔迪·利珀有这次写作上的合作。乔迪，"谢谢"并不足以感激你对这本书的付出。你把我的想法和经历翻译成了这样动人的文字。谢谢你做出的巨大贡献，你叙述故事的能力、你的耐心、你的善意还有你和我的友情都是无与伦比的。

我的每一天从我的两个宝贝儿子开始和结束，他们是安东尼和威尔。他们每天都让我微笑，并赋予我的生活比我想象中更深刻的意义。我深深爱着你们俩。

每一天，我亲爱的丈夫弗兰克都提醒我真正的拍档意味着什么。他是一位慈爱的父亲和亲爱的丈夫，我对我们共同生活感到无法言表的感激。他对这本书的支持对我来说意味着一切。谢谢你，"带 K 的弗兰"。我爱你。

感谢我的父亲安东尼奥，他在我两岁时把我们一家人带到了这个国家；在他一句英语都不会说时，他依靠勇气和安静的力量来创立自己的事业；他用善意领导一切。他和我的母亲卡梅拉创建了一个美好的家庭，这个家庭里还有我所能祈求的最棒的兄弟姐妹——约瑟芬、罗科和纳特。没有言语能够描述我对你们的爱。

在生活中，能体现出真正大爱精神的人是稀有的。我的母亲就是其中之一。母亲是我的第一位老师。感谢母亲教会我如何优雅地领导，以及友善是一个人可以给予世界的真正礼物。